フロンティア・マネジメント代表取締役
松岡真宏
山手剛人
首藤繭子

ESG格差

沈む日本とグローバル荘園の繁栄

日本経済新聞出版

イントロダクション

ここ数年、政官財挙げての後押しで、「ＳＤＧｓ」という言葉が広まり、その実現に向けた取り組みが各方面で進んでいる。しかし、このＳＤＧｓという言葉、他の主要先進国では、日本ほど使われていない。ＳＤＧｓとは、「Sustainable Development Goals（持続可能な開発目標）」の略称である。企業や自治体では環境や人権、公正さ《フェアネス》への取り組みが行われ、ＳＤＧｓの徽章《きしょう》をジャケットに着用するビジネスパーソンも増えた。小・中・高等学校でのＳＤＧｓ教育も盛んだ。ＮＨＫＥテレの『ひろがれ！　いろとりどり』という幼児向け番組では、ＳＤＧｓが掲げる17の目標を、それぞれ1分で紹介する歌アニメも制作されたりしている。

環境や人権が重要なことは自明であり、それらを尊重する精神が日本で醸成されていること自体は喜ばしい。本書においてそれを否定する意図はまるでない。ただし、ＳＤＧｓに関する世界の現実を直視することも必要だろう。

ある日のこと、素朴な疑問から筆者はＧｏｏｇｌｅを使って、ＳＤＧｓやそれに類似する言葉がどの程度の頻度で検索されているかについて調べてみた（２０２２年7月13日時点）。

すると、驚くことに主要先進国ではＳＤＧｓという言葉は、Ｇｏｏｇｌｅ検索の対象にすらなっていないことが分かった。他の先進国ではＳＤＧｓよりも、「ＥＳＧ」や「Ｄ＆Ｉ」の検索数が多かったのだ。

ちなみに、ＥＳＧは「環境（Environment）」「社会（Social）」「企業統治（Governance）」の頭文字であり、企業に対してこの３つの視点に沿った活動を求める動きを指す。Ｄ＆Ｉは「Diversity & Inclusion（ダイバーシティ＆インクルージョン）」の略であり、人間の多様性を認識し、かつ各人を尊重して受け入れる社会環境を整備する動きだ。

そもそも社会の持続可能性《サステナビリティ》を理解するためには、我々はまずアルファベットの洪水に対する忍耐力を持つことが必要かもしれない。

検索の集計結果をまとめた次頁の表では、検索数が最も多かった国を１００として、２位以下の検索数を指数化している。ＳＤＧｓについて世界で最も検索数が多かったのは日本で、２位のジンバブエの３・６倍に達する。東アジアでは、台湾が８位、韓国が９位にランクインしているが、検索数は日本の10分の１以下にすぎない。

主要先進国は、ＳＤＧｓの検索数ランキングで上位に入っていない。ＯＥＣＤ（経済協力開発機構）加盟国で上位20位以内は、３カ国（韓国、オーストリア、アイルランド）のみだ。米国に至っては34位に沈んでいる。

ＥＳＧやＤ＆Ｉではどうだろうか。

Googleトレンドでの検索数ランキング（過去5年累計）

順位	SDGs 国名	1位比（%）	ESG 国名	1位比（%）	D&I 国名	1位比（%）
1	日本	100	香港	100	セントヘレナ	100
2	ジンバブエ	28	セントヘレナ	95	シンガポール	63
3	ウガンダ	21	シンガポール	81	英国	56
4	インドネシア	21	韓国	71	香港	49
5	ガーナ	17	ルクセンブルク	67	日本	43
6	ケニア	16	中国	54	アイルランド	37
7	ナイジェリア	8	台湾	50	米国	34
8	台湾	8	日本	35	スイス	25
9	韓国	5	英国	30	オランダ	21
10	パキスタン	5	スイス	20	カナダ	20
11	バングラデシュ	4	デンマーク	20	オーストラリア	20
12	タイ	4	カナダ	19	台湾	17
13	フィリピン	3	アイルランド	18	韓国	15
14	スイス	3	ノルウェー	18	インドネシア	15
15	シンガポール	3	オーストラリア	17	UAE	15
16	香港	3	米国	17	デンマーク	14
17	オーストリア	3	UAE	16	ベルギー	12
18	アイルランド	2	フィンランド	15	南アフリカ	12
19	UAE	2	オランダ	14	インド	9
20	南アフリカ	2	マレーシア	14	マレーシア	9
参考	34位に米国	1	―	―	―	―

出所：Googleトレンドよりフロンティア・マネジメント作成

日本の検索数は、SDGsほどではないものの高水準にある。ランキングを見ると、ESGで8位、D&Iで5位と上位につけている。

日本を除いて上位20位以内にランクインしたOECD加盟国数は、ESGが10カ国、D&Iが9カ国だ。SDGsに〝冷たい〟米国も、ESGで16位、D&Iで7位と上位につけている。

SDGs、ESG、D&Iにおける優劣を議論することは本書の目的ではない。重要なことは、日本で盛り上がるSDGsについて、他国では異なる形で受容されているという状況を知ることだ。

主要先進国では、SDGsよりも

ESGやD&Iという言い方が主流となる。外国人投資家との会話で出てくる用語もSDGsよりもESGが圧倒的に多い。その理由や合理性については、これから本書において様々な角度で紹介したい。

日本で高い頻度で検索されているSDGsという言葉の前身は、2000年にガーナ出身のアナン国連事務総長（当時）が打ち出した「ミレニアム開発目標（MDGs）」だ。MDGsは15年後の2015年を目途《めど》に、8つのゴール項目を設定した。

それらは、「極度の貧困と飢餓の撲滅」「乳幼児死亡率削減」「HIV・マラリア等の蔓延防止」など、途上国向けのゴール項目が中心だった。MDGsの期限が到来した2015年、この流れを踏襲したSDGsが国連で採択された。こうした出自により、SDGsは途上国援助という骨格を内包している。だからこそ、SDGsの検索ランキングで、アフリカや南アジアの国々が上位にランクインしている。

欧米ではSDGsは高頻度で検索されていない。SDGsが国連で採択され、国連主導で推進されているという事実が背景にあると類推される。日本には、国連への歴史的な強い憧れがある。一方、欧米先進国の国連観は異なり、社会の持続可能性という題目に限らず、国連を軸とした議論から降りている国も多い。SDGsへの無関心は合点がいく。

D&Iの検索数にはG7に代表される主要先進国、なかでもアングロ＝サクソン国家である英米、カナダが上位にランキングされている。同じように社会の持続可能性に取り組んでいても、日本ではSDGsという国連由来の言葉を使って気候変動やCO_2問題に焦点が当たりがちであるのに対し、主要先進国では人権や公正さ、ジェンダー平等や多様性という観点で多くの検索が行われているのだ。

世界経済フォーラム（WEF、通称ダボス会議）が2019年に発表した調査（世界28カ国の16～74歳の計2万人が対象）によると、SDGsを「聞いたことがない」と回答した人は世界で26％だった。先進主要国では、米国50％、英国51％、カナダ49％、オーストラリア49％、フランス44％が「聞いたことがない」という散々な結果だ。

日本も調査が行われた2019年時点では、51％が「聞いたことがない」状態だった。ここ数年のSDGs検索数における日本の突出した状態は、2019年以降の政官財の巻き返し、大手広告代理店やPR会社の勝利なのだろう。

本書では、社会の持続可能性について、基本的にESGという言葉を使って議論したい。主要先進国と日本との比較や企業経営を議論する際には、ESGを軸に語ることが妥当と考えるためだ。

持続可能性という思想は、それ自体が崇高なものだ。しかし、この思想を「SDGsの5番目の達成を目標に頑張ります」などと、自己目的化し、日本に閉じた社会思想として深化させているのは少々残念なところがある。持続可能性という思想を、国際的な社会経済という文脈から能動的に活用していく姿勢こそが、ビジネスにおいても必要な態度ではないだろうか。

なぜならば、この思想は、国家・企業・個人がそれぞれの関係性を構築するうえで、有益な「プロトコル」となりうるからだ。ここで言う「プロトコル」とは、いわば外交儀礼で使われる「お約束ごと」を意味する。

外交の際、相手国の文化水準や一般常識の有無は、プロトコルと呼ばれる慣例や慣習への理解の有無で判断できる。例えば、列席者の序列や服装、国旗の取り扱い、話の論理展開や言い表し方などがプロトコルだ。

プロトコルは、いくつかの「お約束ごと」の総体として機能する。「お約束ごと」のうち、特定の1つや2つがクリアできていれば、お付き合いをするに相応しい相手と認識してもらえるわけではない。服装はしっかりとした正装をしているのに、いざ議論を始めると論理構成が意味不明だったり、粗野な言葉を使ったりすると、外交相手として疑問符が付く。

〝総体〟として、〝まとまり〟として、「お約束ごと」を自文化として会得しているかどうかがポイントとなる。先進国であればあるほど、プロトコルへの理解度が低い国との外交は限定的かつ抑制的になる。場合によっては拒絶さえする。社会の持続可能性に対する深い理解の有無は、日本以外、特に先進国のグローバル企業から日本企業を観察する際の重要な視点となる。

その意味で、ＥＳＧは異なる共同体間のビジネスにおけるプロトコルになりつつあるのだ。決して否定するものではないが、ＳＤＧｓの取り組みは、どうしても選択的な目標の達成にとどまりがちとなり、「総体」の会得が前提となるプロトコルにはつながらない場合もあるのではないだろうか。

ＳＤＧｓには17の独立した目標がある。それぞれの企業、自治体、学校は、17の目標から特定の目標を選択し、その達成に向けた努力をする。選択した目標は達成したとしても、それだけではプロトコルを会得したことにならない。しかも、17の目標には、必ずしもビジネスと関係のないものも含まれる。

ＥＳＧは、Ｅだけ、Ｓだけ、Ｇだけを追求するという考え方ではない。ＥＳＧ「総体」として社会の持続可能性を追求する運動である。だからこそ、ＥＳＧは新しいプロトコルになりうるし、主要先進国のビジネスパーソンにおいて高い認知度を持つ。

後述するが、近年、金融の世界で「ユニバーサルオーナー」という言葉が頻繁に使われるようになった。これは、特定の国や産業を対象にした投資ではなく、この世界に存在するユニバーサルなすべての投資対象を扱う投資家を指す言葉だ。

選択的なＳＤＧｓは、特定の国や産業を対象とした投資家と似ている。それに対して、21世紀半ばに向けて、我々はむしろ、この世界全体の持続可能性に貢献する「ユニバーサルオーナー」として、ＳＤＧｓの特定の番号に限定せず、「総体」的にＥＳＧを理解し、会得していく必要がある。

企業や個人、特に国際的なビジネスに携わるビジネスパーソンは、他国で一般的に使用しているESGという観点で思考を深めておいて損はない。と同時に、ESGが自国の社会に及ぼす影響について網羅的に検証し、企業の経営戦略や個人のライフスタイルを熟考することは欠かせない。国家も経済政策構築のため、ESG視点で国際的な社会変容を観察しておく必要がある。各読者もまた多面的にESGを咀嚼《そしゃく》し、理解を促進することが重要だろう。

ESGをめぐる状況は常に動いており、単純な受容でなく、地政学的な視点でとらえることも欠かせない。そもそも、天然資源の有無で、国家・州にはESGのEを進展させる動機が一致せず、ESGへの態度に差が出ている。世界の国家間には不可避的に格差や分断が生まれ、日本は天然資源を持たない陣営に区分される。

加えて、企業のESG対応には追加的な投資やコストが必要だ。企業物価や消費者物価は引き上がる。高収益の大企業とそれ以外の企業の格差や分断も不可避的に生じる。消費者もESGにこだわって公正《フェア》な商品を選択できる人は大多数ではない。

ESGを推進する1つの大勢力は金融資本である。ESGに対応して力強い成長を続けるグローバル大企業には、世界中の金融資本から資金が流れ込む。有能な人材も世界から集まる。選ばれし一握りのグローバル大企業は、世界中から資金と人材を吸収し、さらに成長率を高めて、このスロープを駆け上がる。これらのグローバル大企業は、現代に蘇った中世の荘園（資本を持つ貴族・寺社によって開墾された私有地を基本とした経済システム）のようであり、一部の巨大企業は、中堅国家よりも大きな経済圏を持ち、所属する社員や周辺地域を魅了する。

この豊壌なる「21世紀の荘園」には、グローバルに伸長するIT企業群や、急成長するスタートアップと呼ばれる新興企業が含まれる。これら企業は圧倒的に米国やヨーロッパにあり、ESGの視点で取引先や社員を選別する。

自国に富裕な〝荘園〟があるかないかは、企業や個人の未来を左右する。各国の〝荘園〟と契約を結びたければ、彼らと同じプロトコルを獲得しておきたい。その意味でも伝統的な日本企業は、ESG対応が喫緊の課題となるのである。さもなければ、有能な人材ほど、伝統的な日本企業には入社せず、結果的に資金調達もおぼつかなくなる。取引先からも、ESG対応が不十分だと取引停止の通知を受けることさえあるかもしれない。

平成の30年間で国際的な地位を落とした伝統的な日本企業群は、ESG対応の巧拙でさらに沈む可能性もあるのではないだろうか。

本書は5つの章から成っている。

第1章は、金融資本がいかにESGという地平に辿り着き、どういう力学でこれを進めているかについて論じる。ESGが生み出すインフレーションについても紹介する。

第2章は、ESGが引き起こす格差や分断について詳述する。国家・企業・個人における格差や分断だ。ESGが持つイデオロギー性についても論じる。

第3章は、21世紀の荘園となったグローバル大企業やスタートアップ企業の実例を紹介する。この30年で大きく地盤沈下した日本の大企業の問題点にも触れる。

第4章は、1920年代の米国の禁酒法など、道徳性や規範性を求めるESGに類似する動きの歴史的道程を示し、逆回転し始めたESGの流れを紹介する。

第5章は、企業や個人の経済活動におけるESGの意味や、国ごとの受容の相違を述べる。そして、日本としての国家・企業・個人によるESGの超克法について論じる。

本書は、フロンティア・マネジメント株式会社に所属する3名による共著である。主に第1章を山手剛人、第3章を首藤繭子、第2章・第4章・第5章を松岡真宏が担当した。

それでは、日本の社会・社会思想に踏み絵のように迫る〝ESG〟を解剖してみよう。

2022年12月

フロンティア・マネジメント株式会社

代表取締役　松岡真宏

目次

第3章 台頭する「21世紀の荘園」と沈む日本の大企業

第5章 日本はESGを戦略的に活用できるか 211

第1章

ESGは誰のためにあるのか

1　「良いデフレ」の終焉とグリーンフレーション

世界インフレの嵐

気象観測史上、最大規模の猛威を振るった台風は、1979年に日本列島に上陸した昭和54年台風第20号である。

実は、同年には、もう1つの「台風」が世界経済を急襲した。石油輸出国機構（OPEC）による原油価格の引き上げを端緒とする、第二次石油危機（オイルショック）だ。イラン革命を契機としたエネルギー危機が深刻なインフレーション（インフレ）と1983年まで続く世界同時不況を引き起こしたのである。この年には、旧ソ連がアフガニスタン侵攻を行い、その後の10年以上に及ぶ紛争の火種となった。これを非難した欧米諸国は、翌年のモスクワ五輪をボイコットし、ソ連への経済制裁に踏み切った。

英国では、1970年代の左派政治が招いた経済停滞への反動を追い風に、保守党初の女性党首となったマーガレット・サッチャーが首相に就任。中国では、70年代の文化大革命の悲劇を経て、鄧小平が共産党支配と経済開放政策の折り合いをつける画策に奔走していた。

1979年という世界経済の転換点に向かう途上では、国際研究機関のローマクラブが

1972年に発行した『成長の限界』が人口爆発と天然資源の枯渇への警鐘を鳴らしてベストセラーとなっていたが、二度のオイルショックを経て、いつしか彼らの言説は忘れられていった。

それから40数年を経た現在、世界経済は再び、ロシアによるウクライナ侵攻をきっかけとした世界的なインフレの脅威にさらされている。

長らくデフレ経済に慣れてきた日本の消費者や企業も例外ではなく、なかでも人々は、電気代、ガソリン、食品や日用品の相次ぐ値上げに窮している。帝国データバンクの推計によると、2022年秋の食品値上げラッシュによる家計負担は年間7万円程度、年間消費支出の2%に達する見通しだ（あくまでも食品だけの影響である）。

それでも、日本の消費者物価の上昇率は前年比3%程度（22年8月）と、主要先進国の中では最も軽微な部類だ。他の先進国の同月における消費者物価は、米国が8・3%増（うち食品は13・5%増）、英国が8・6%増（同13・1%増）、ドイツが7・9%増（同15・7%増）と、第二次世界大戦中や1970年代のオイルショック時に迫る高水準である。

加速する物価の上昇ペースに賃上げ率が追いつかないことによる実質賃金の下落は、日本だけではなく、世界共通の社会課題となる。

先進国よりも深刻なのは、非資源輸出国であるうえに多額の対外債務（IMF〈国際通貨基金〉や先進国が国債を保有）を抱える一部の新興国だ。2022年7月にインフレ率が60%を

図表1―1　米国の消費者物価指数（総合）の長期推移

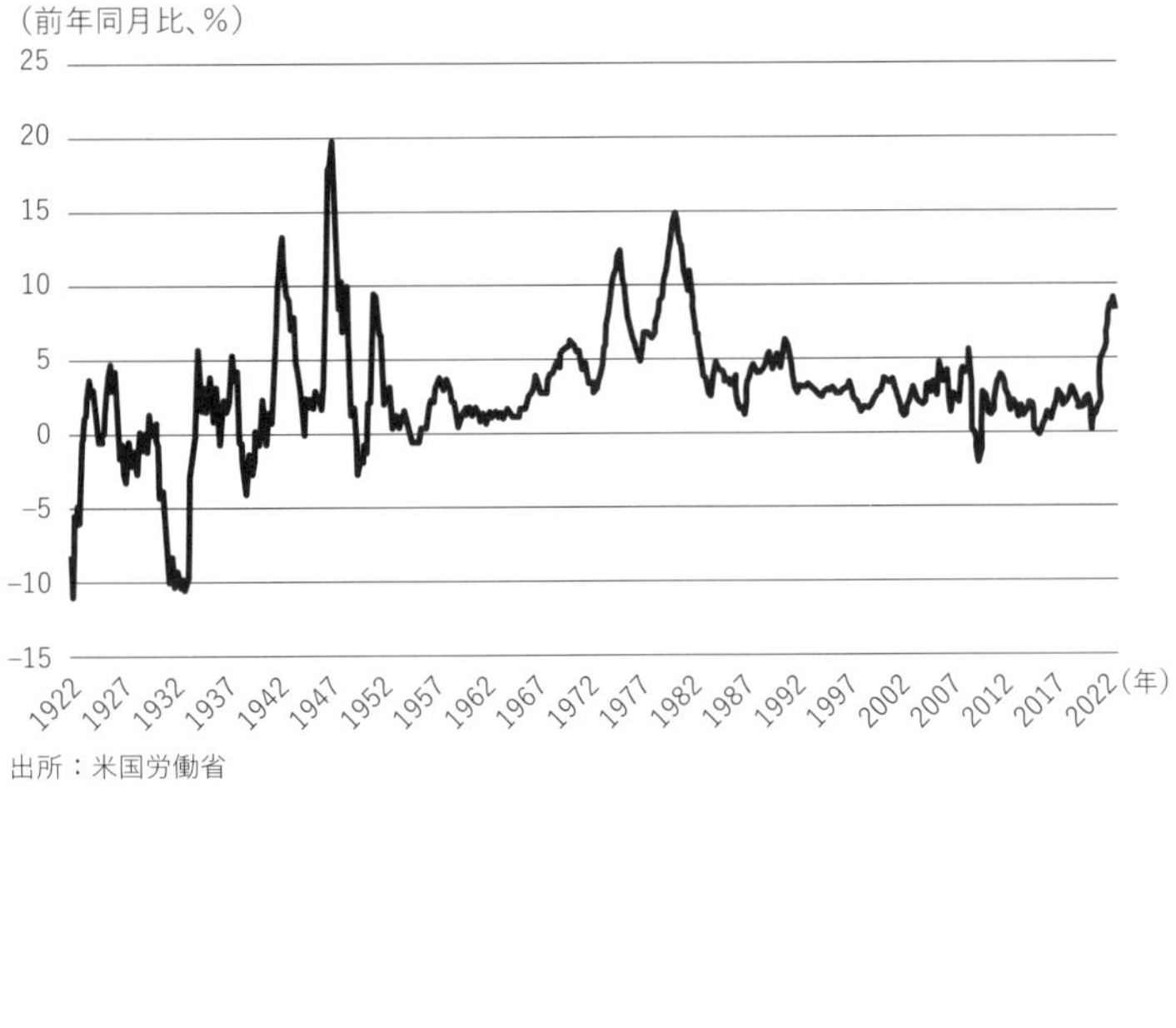

出所：米国労働省

超えたスリランカでは、食品や燃料が深刻な供給不足に陥り、市民による抗議デモが過激化した。この結果、大統領が国外脱出後に辞任する異例の事態となり、債務不履行（デフォルト）への懸念がくすぶっている。

物価上昇の中で利下げによるハト派の金融政策を続けるトルコでは、２０２２年8月にインフレ率が80％を超えた。２０２０年に通算9回目のデフォルトに陥ったアルゼンチンは、現在、世界インフレ下での通貨安に苦しんでおり、２０２２年9月には政策金利を75％という高水準へと引き上げた。

グローバル資本主義による「良いデフレ」の終焉

世界インフレの嵐の中にあって、災害区域外で安寧としているのは、資源輸出国だ。資源価格の上昇は資源輸出国の貿易収支にプラスに効くため、外貨流入が自国通貨の上昇を誘発し、インフレ圧力を軽減する。産油国の中東諸国はもちろん、オーストラリア、カナダ、南米の各国、インドネシア等も資源輸出国であり、インフレ率は比較的穏やかになっている。

資源輸出国にとっては、世界インフレは対岸の火事どころか、自らが経済政策やエネルギー政策において国際社会のイニシアチブを握る好機と映っているかもしれない。２０２

2年10月のOPEC加盟諸国とロシアによる原油減産の合意に対して、インフレ退治に躍起となる米国は猛烈に反発した。

新型コロナウイルスの世界的な感染拡大、ウクライナ侵攻によるロシアへの経済制裁という2つの起爆剤に、資源輸出国による輸出制限等の影響が重なり、グローバルなサプライチェーンの機能不全と国家の分断が進行している。

エネルギー以外の資源や製品をめぐっても、国家間の対立は強まっている。米国は、国家安全保障上の懸念を理由に、中国への半導体製品の輸出制限の強化を決定した。インド、東南アジア、アフリカの多くの食料輸出国も、コメ、小麦、トウモロコシ、パーム油等の輸出制限を相次いで発表している。

1950年代から米国が主導してきた自由貿易による国際経済秩序は、80年代以降に中国とインドが閉鎖経済を解放したことをきっかけに、グローバル資本主義を開花させた。金融市場の不確実性の増大や所得分配をめぐる問題など、グローバル資本主義の功罪については意見が分かれる。しかし、グローバル資本主義の下で発達した国際分業とサプライチェーンが多くの国・地域に経済成長や雇用創出、生産性の向上など、いわば「良いデフレ」とも呼ぶべき恩恵をもたらしたことも確かだ。

米国の歴史学者ヨハン・ノルベリは、その著書『OPEN』で、「人類史上最大の発明は交易であり、自由貿易の経済利得は想像もつかないくらい大きい」と述べている。ノルベリが紹介した米国ピーターソン国際経済研究所の研究によると、米国経済は戦後の貿易自由化によって年間1兆ドル（約130兆円、以下1ドル＝130円換算）のGDP押し上げ効果を享受したという。

この研究は同じく、自由貿易による失業者の発生がもたらす喪失賃金や再雇用された場合の賃金低下によるGDPへのマイナス影響は年間500億ドルと、上記の押し上げ効果の20分の1にすぎなかったと指摘している。

18～19世紀の英国の経済学者、リカードが「比較優位」理論の中で説いたように、近代国家が自由交易から得るメリットは、自国の輸出財と引き換えに自らが必要とする財を獲得する互恵性（Win－Win）の中にある。輸出額を増やして貿易収支を黒字にすることは、本来の目的ではないはずだ。

世界インフレの現在、輸出産業に有利だという理由で自国通貨の価値の下落を許容する国はいなくなった。国家の分断が空前のインフレを招いている現状は、戦後のグローバル資本主義の分岐点かもしれない。

国家の分断によるサプライチェーンの寸断に加えて、現在の世界インフレをより複雑な問題にしているのが、各国の金融政策の足並みの乱れである。潜在成長率、政府債務の大きさ、貿易収支、外貨準備高等の基礎的な条件が異なるうえに、自国経済や通貨の保護を優先しようという思惑も交錯した。結果として、各国の金融政策の不協和がインフレ懸念や市場の不安定性を呼ぶという負の循環に陥っている。

欧米の主要中央銀行である米連邦準備理事会（ＦＲＢ）、欧州中央銀行（ＥＣＢ）、イングランド銀行（ＢＯＥ）は異例のペースでの利上げを進めているが、インフレ退治には至っていない。他国に比べてインフレ率が軽微な日本では金融緩和策が継続されているが、急激な円安による輸入物価の上昇が日本銀行（ＢＯＪ）に匕首《あいくち》（短刀）を突き付ける。資源不足や貿易規制等を主因とする世界インフレに対して、金融政策の効果がどこまで望めるかは不透明であるし、株式や国債の価格下落や景気後退を招くリスクを内包する。

ＥＳＧがもたらすグリーンフレーション

世界インフレと各国の金融政策が混迷を極める中、ＥＳＧ推進派は劣勢に立たされつつある。ＥＳＧ最大のアジェンダである気候変動リスク、その原因とされる温室効果ガス（ＧＨＧ）排出量の削減、いわゆる脱炭素化の動きがエネルギー価格の上昇圧力となり、世界インフレに拍車をかけると見られるためだ。

ＥＳＧ、特に「Ｅ（環境）」の推進に伴う慢性的なインフレ効果は、（環境の）「グリーン」と「インフレーション」を掛け合わせて、「グリーンフレーション」とも呼ばれる。

炭素排出権の市場取引制度（ＥＵ ＥＴＳ）が先行導入されている欧州では、２０２２年夏

図表1—2　グリーンフレーションの全体像

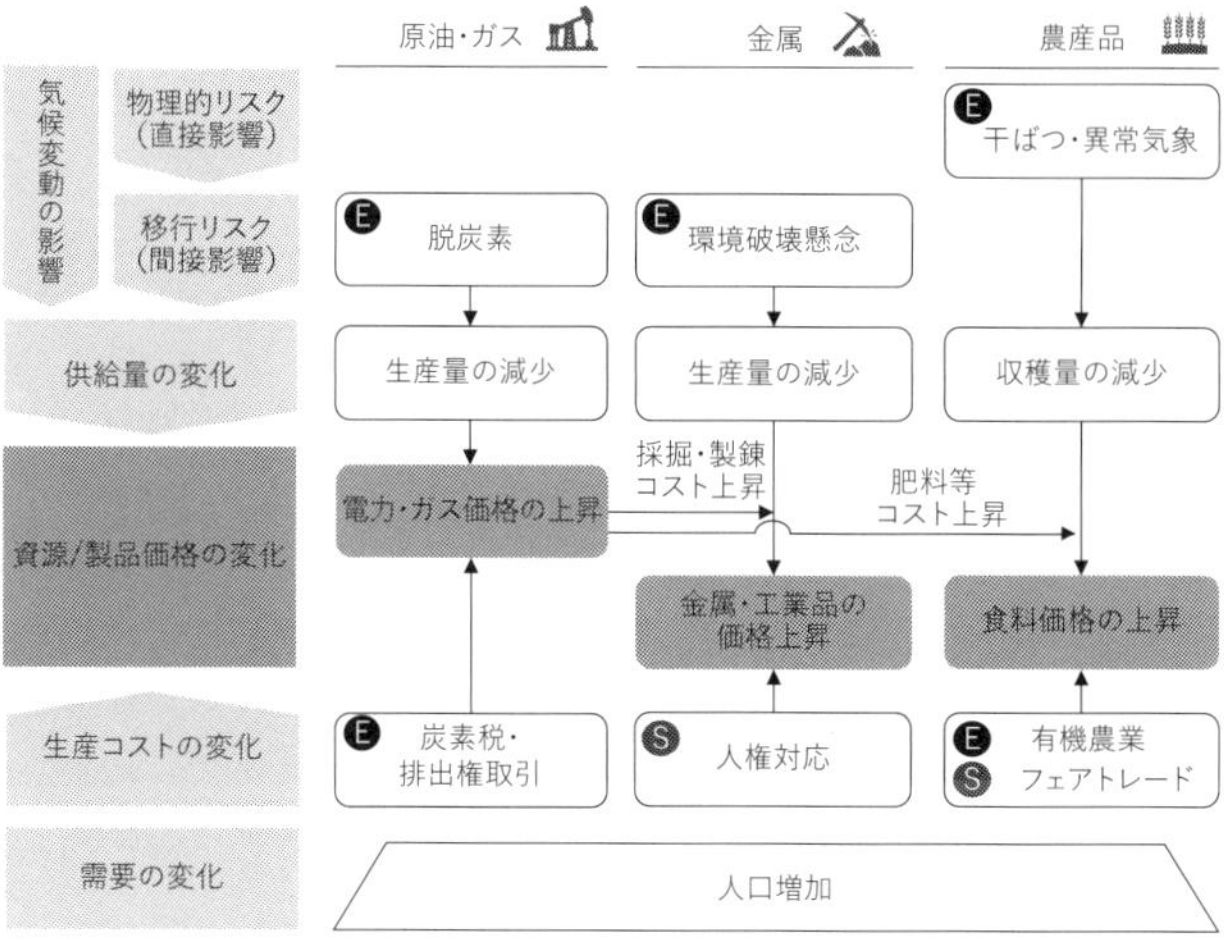

出所：フロンティア・マネジメント

に炭素排出価格が過去最高値の100ユーロ（約1万4000円、以下1ユーロ＝140円換算）／トンに迫った。100ユーロ／トンが企業の生産活動にそのまま転嫁された場合、世界のGDPに対して約5％相当の影響（インフレ圧力）を与える計算だ。

排出権取引以外にも、日本では「ピグー税（英国の経済学者ピグーが考案した外部不経済の発生源に対する課税）」の一種である炭素税の導入も検討されているが、これは排出権取引以上に消費者の負担感が強く、よりダイレクトなインフレ影響が及ぶ可能性がある。安全性を高めた原子力発電や効率の高い再生可能エネルギー（再エネ）等、今後の科学技術の進歩がグリーンフレーションを緩和してくれるシナリオには期待したいが、将来見通しは不透明だ。

配慮する地球環境の対象を空気（脱炭素）から土壌や海洋にまで拡大し、化学農薬の使用や鉱山への開発投資を減らすと、農産品や金属資源の生産・収穫量が減少して、食品や工業製品のインフレを招く。

これらの「E」による影響に加えて、「S（社会）」も長期的なインフレ要因だ。企業が「S」に配慮して、テロ組織との関わりが疑われる紛争地域や児童労働の懸念がある国や取引先を調達先から除外したり、従業員の労働環境や報酬を改善あるいは格差是正したりして公正さを求めるのは、社会通念上は正しいことだが、製造やサービス提供にかかるサプライチェーン全体でのコスト増加は避けられない。

「E」や「S」に配慮していることを「証明」することにも、費用はかさむ。環境レポートや統合報告書等の作成、取引先や調達先に関する情報収集やセルフアセスメント（人権デュー・デリジェンス）等にも費用がかかる。最近では、「グリーンウォッシュ（見せかけのESG）」に対する批判や消費者の警戒心が強いため、製品の製造場所や部品の調達元等の「身元確認情報」を個品ごとに付与する「DPP（デジタル・プロダクト・パスポート）」といった大規模な構想が欧州中心に提起されている。

「G（ガバナンス）」も例外ではない。コーポレートガバナンスやリスク管理のために、新たな委員会組織や部署を整備することや、社外取締役等に専門家を雇うことは、企業のコスト増加に直結する。ROE（自己資本利益率）向上や株主利益の充実を目指して剰余金か

図表1—3　世界インフレのトリレンマ

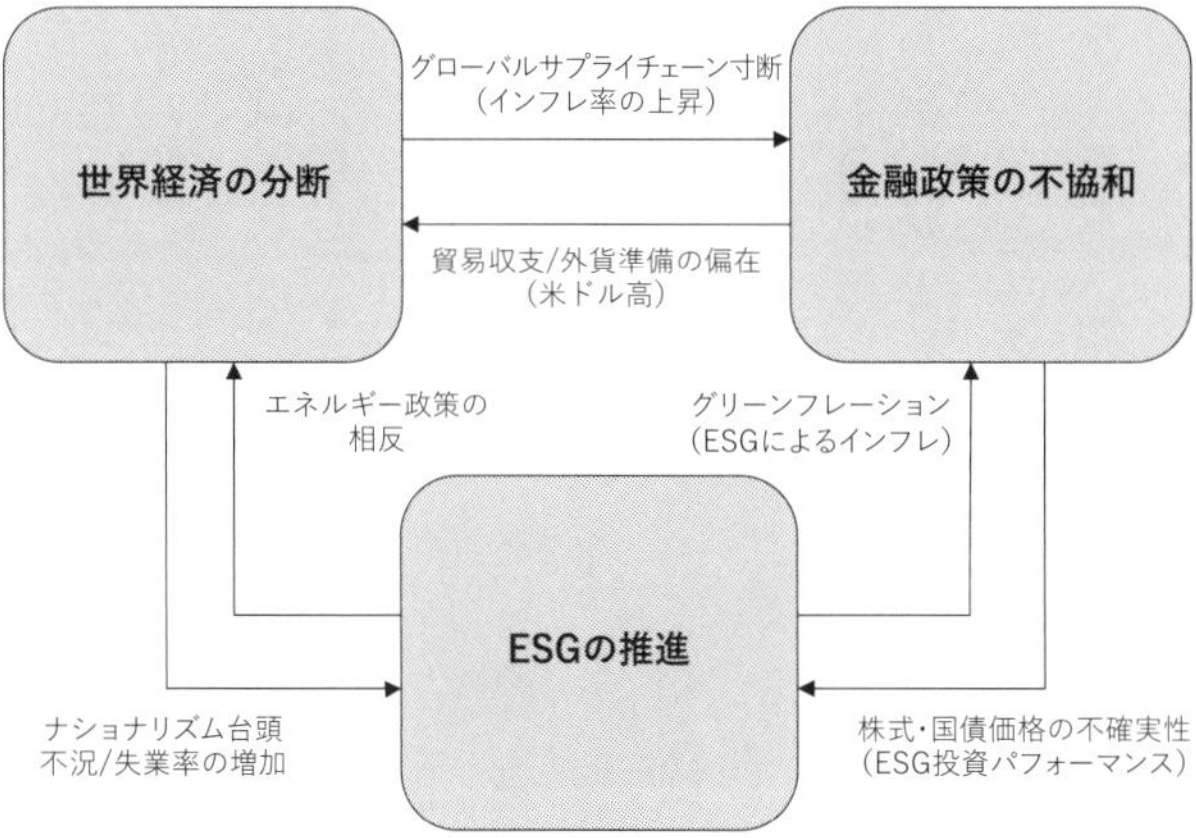

出所：フロンティア・マネジメント

らの配当を増やすことも、企業のコスト要因だ。

　ESGの推進は、従来であれば地球環境や社会的弱者にシワ寄せされていた「外部不経済」が、企業や消費者が払う「コストとして内部化」されるプロセスにほかならない。

　この意味において、ESGとインフレは本来、不可分な関係にある。ちなみに外部不経済とは、市場を通じて行われる経済活動の外側で発生する不利益が、個人や社会に悪影響を与えることを指し、「負の外部性」ともいう。経済政策においては外部不経済をできるだけなくす、もしくは外部不経済を市場価格に基づいて内部化することが課題とされる。

　現在の世界インフレの背景として、①世界経済の分断（グローバル資本主義の終焉）、②各国金融政策の不協和、③ESGによるグリーンフレーションという3つの要因についてとらえてみたが、これらの要素は独立変数でなく、互いに増幅作用（共振）をもたらす三つ巴《どもえ》の関係（トリレンマ）を形成している（図表1―3）。ESG推進による自由貿易への制限や資源国／非資源国のESG推進に対する態度の違いは、同時多発的な国家の分断を助長している。

これと逆方向のフィードバックとして、国家の分断に伴うサプライチェーンの寸断は、世界的な景気後退による失業者の増加や保護主義への傾倒を招き、国際社会が足並みを揃えてESGを推進するためのアフォーダビリティ（購入可能性）を奪う。かたや、サプライチェーンの寸断が招いたインフレを抑制するための各国金融当局によるタカ派的な引き締め策は、為替相場の変動を通して、国家間の経済格差をさらに増進させる。

他方で、金融引き締め（利上げ）は国債や株式の価格を押し下げるリスクを内包しており、2020年時点で35兆ドル（すべての運用資産残高の約35％）に達した世界のESG投資のパフォーマンスを脅かし始めている。

エネルギー危機やウクライナ問題の影響で、ESG投資がこれまで投資対象外（ネガティブスクリーニング）としてきた化石燃料や防衛関連銘柄がアウトパフォーマンス（市場株価指数を上回る株価上昇）傾向にあるためだ（ESG投資パフォーマンスに関する筆者の見解は後述する）。

こうして現在の世界インフレは、相互に増幅作用をもたらす3つの要素が複雑に絡み合って進行していく。

インフレで深刻化する経済格差

インフレがもたらす最も深刻な社会課題は、経済格差の拡大である。一般論としては、インフレーションは、(1)（債権者である）金融機関や一般家計から（債務者である）企業や政府部門への富の移動、(2)金融資産の保有者から実物資産（資源、金、不動産等）の保有者への富の移動、による再分配機能があると指摘されている。(1)については、現在の年金受給者である高齢者から将来の年金受給者である若年世代への富の移動という側面もある。

一方、現在の世界インフレや長期的なグリーンフレーションがもたらす逆進性（格差の拡大）の問題は重大だ。いわゆる「インフレ課税」と呼ばれる現象である。インフレ課税とは、物価の上昇率に対して、賃金や金利あるいは資産価格の上昇が追いつかないことに伴う経済価値の減少を指すが、現在の日本で進行しているのは、一般消費者の実感としても、「インフレ課税」そのものだろう。

もちろん、米ドル建て資産や実物資産を取得することで資産を守ることも可能だが、そのような選択肢を持つのは一部の富裕層や大企業に限られる。また、インフレを牽引しているエネルギーや食品は、すべての消費者や企業にとって必需品であり、それゆえに価格弾力性も低い（価格上昇を理由に消費をあきらめる人が少ない）。

インフレが深刻化する欧州では、「Choice of Eating or Heating（食事と暖を取ること、どちらを選ぶか）」という標語が、生活苦を訴える抗議運動や言説の中で掲げられている。人間が生存するために最もクリティカル（重大）な2条件から、1つを選ばされるほどに市民は困窮している、という悲痛な叫びだ。

ESGはグリーンフレーションを通して、格差拡大を助長する可能性をはらんでいる。例えば、気候変動リスクの軽減を目指した脱炭素に向けて、現在の検討の枠組みのまま排出権取引や炭素税等が導入された場合はどうなるだろうか。

これらの制度が導入されると、国や個人ごとの所得水準の違いにかかわらず、1トン当たりいくら、あるいは消費金額の数パーセントといった一律の負担が求められるため、低所得国や低所得層の負担感は重くなってしまう。

この問題について警鐘を鳴らし続けてきた経済学者の宇沢弘文は、1990年に比例炭素税（所得水準スライドの炭素税）の必要性を国際社会に向けて提起した。しかし、近年の炭素税に関する議論では「所得比例」ではなく、「排出量比例」と置き換え、あるいは混同されており、宇沢の訴えは届いていない。

グリーンフレーションが抱える課題は、消費税が逆進性を持ち、格差を拡大すると言われるのと同等、あるいはそれ以上に深刻だ。消費税は所得税や資産課税と違い、消費性向（消費÷収入）が高い低所得層への負担感が強いという問題がある。もっとも現在の世界インフレの主役であるエネルギーや食品（Eating or Heating）だけでなく、高級レストランや宝飾品にも課税されるだけ救いはある。

2007～2008年の金融危機を経て、フランスの経済学者のトマ・ピケティが2013年に上梓した大著『21世紀の資本』（邦訳2014年）は、経済書としては異例のベストセラーとなった。

ピケティは、世界経済の歴史では「r＞g」（資本収益率rが経済成長率gを常に上回る）という格差の再拡大を生む不等式が続いてきたと分析し、この状況は今後も変わらないと予言した（彼は資産課税しか解決策はないとも結論づけている）。急速なインフレが実質賃金や経済成長率を押し下げ始めた現在、ピケティの予言は現実味を増している。

グリーンフレーションと消費者

皮肉なことに、ESG推進による企業のコスト上昇が一助となって進んでいる世界インフレの影響で、近年盛り上がりをみせていた日本のESG消費、いわゆる「エシカル消費（倫理的な消費）」ブームは冷や水を浴びせられる可能性がある。

「エシカル消費」は多義語であり、商品やサービスも多岐にわたるが、筆者の整理では、(1)「貢献型エシカル消費（例：高くてもフェアトレード商品を買う）」と、(2)「倹約型エシカル消費（例：中古品等を買う、長く大切に使う）」の2つに区分される。これまでの好況期には両者は混合されて消費者に受け入れられてきたが、インフレによる実質賃金の低下に伴って「分離」されていく。

このうち、前者の貢献型エシカル消費は、一部の準富裕層によるニッチな価値観（ある種のイデオロギー）、あるいは消費行動として一定の規模で存続するが、今後の景気後退やスタグフレーションによってその存在意義が相対化され、成長ペースを減速させていく公算が大きい。インフレによる実質賃金の減少に伴い、中間層以下の「無い袖は振れない」人が増加するためだ。

多くの国において、中間層以下の消費者は富裕層への上昇志向と自己顕示的な消費意欲が強い傾向があり、エシカル消費との相性は良くない。かたや、富裕層は、これまでの過剰流動性の恩恵で株式や不動産の含み益があり、保有資産は潤沢である。

富裕層はどちらかというと、エシカル消費への関心が薄く、豪奢な消費活動を続けている。実際、日本の大手百貨店の店頭では、国内の富裕層によるラグジュアリーブランド、宝飾品、現代アート等の高額品の購入金額が新型コロナウイルス感染拡大前の水準を上回り始めている。

この現象が純粋な消費活動なのか、インフレを見越した実物資産へのキャピタルフライト（資金逃避）なのかの線引きは難しいが、そこからエシカル消費の気配は見て取れない。

貢献型エシカル消費ブームの綻《ほころ》びは、既に兆候が出ている。南米やアフリカ等でフェアトレード認証を取得して生産された農産品が大量に売れ残っているというのだ。国際団体のフェアトレード・インターナショナルの調査によると、フェアトレード認証を取得して生産されたコーヒーのうち、実際にフェアトレード商品として販売されているのは4分の1程度にすぎないという。通常価格より高いフェアトレードコーヒーの買い手がつかないため、認証取得にかけたコストが回収できず、生産者が窮乏している。※1

供給サイドへの働きかけに加えて、需要のカンフル剤がなければ、貢献型エシカル消費が成立しないことは、わが国の太陽光発電パネルやエコカーの補助金制度、さらには有料レジ袋導入の顚末からも明白だ。米国や欧州では、物価高騰による生活窮乏を受けて、長期化する一方のウクライナ支援の継続に反対する声（ウクライナ疲れ）が現出し、インフレ抑制とウクライナ国民の救済のどちらを優先するかをめぐって国民世論が割れ始めている。人道支援よりも明日の生活を心配する声に向き合うことは、ウクライナ支援を標榜してきた欧米諸国のリーダーにとっては頭の痛い問題となる。

電通マクロミルインサイトが2022年3月に行った調査によると、日本の消費者の「エシカル消費」の認知度は40％、実際にエシカル消費に関心があるのは15％にとどまっていた。足元の世界インフレの中、この数値が大きく上向いていくシナリオは描きづらい。

一方で、倹約型エシカル消費は、実質賃金の減少を補う中間層以下の生活防衛手段として、拡大を続けそうな勢いだ。具体的には、中古品、リサイクル、修理・リユース、シェアリング、廉価なプライベートブランド商品、まとめ買いによる割引販売等の倹約型エシカル消費は、提供サービスの品質向上、ミニマリストの増加、そしてインフレによる実質賃金の減少を追い風に変えて、今後も成長していくだろう。

インフレ時代における消費者向けのマーケティング戦略では、企業が打ち出すべきストーリーも、デフレ時代とは逆ベクトルになる。

デフレ時は「なぜ高くても買ってしまうのか」という付加価値戦略が目を引いたが、今後は「なぜ安く売れるのか」というストーリーに再び脚光が当たる。

低価格販売が当たり前だったデフレ下では、快適な空間や特別な体験を提供する企業やサービスによる逆張り戦略こそが注目された。世界中どこでも同じ特別な体験が得られるスターバックス、多様なデバイスやクラウドサービスと一体化した体験価値を提供し続けるｉＰｈｏｎｅ、魅力的なアトラクションや限定企画で来客数を増やし続ける大阪のユニバーサル・スタジオ・ジャパン（ＵＳＪ）等が好例だ。

翻って、世界インフレや円安の影響で値上げが常態化する現在は、価値ある商品をリーズナブルな価格に据え置く、あるいは引き下げるといった価格戦略こそが耳目を集める。もちろん、ＥＳＧを積極的に推進していることを企業のブランドストーリーとして展開して、消費者の共感を呼ぶ企業戦略は引き続き有効だが、それだけで価格を上げ続けることは今後、難しくなる。

コスト上昇に耐えられずに値上げを行う企業は、消費者の目を盗むような値上げ手法を取って、「消費者の権利を侵害している」「便乗値上げ」等の誹《そし》りを受けないように注意する必要がある。消費者への分かりやすい告知なしに商品の容量を減らしたり、サービス料を変更したりといった過去の手法は、SNS社会の現代では手痛い代償となって返ってくる可能性があるためだ。

コスト上昇を価格転嫁できるかどうかは、商品・サービスの価格弾力性、事業規模、財務基盤（合理化投資を行う体力）、ブランド力によって異なるが、おそらく多くの産業においてパワーゲーム（弱肉強食）が展開され、企業再編を促すだろう。

パワーゲームにおいて価格転嫁が可能な勝ち組企業とそれ以外の企業の間には埋めきれない断絶があり、いわば「ESG格差」とも呼ぶべき状況が立ち現れる。

地球環境や人権など、世界の共通課題の解決を目指すはずであったESGが現在のところ、歴史的な世界インフレに加担している。その世界インフレは、所得格差や消費者の窮境、そして国家の分断ももたらし、博愛主義的な光景はどこにも広がっていない。

なぜこのような皮肉な結果を招いたのか。

その答えは、ESG誕生の経緯を理解することによって明らかになる。

2 インデックスファンドが支配する世界

ウォール街のエリートが生んだＥＳＧ

ＥＳＧという頭字語が初めて世界に登場したのは、２００３年に国連環境計画・金融イニシアティブ（ＵＮＥＰ ＦＩ・国連環境計画と世界の大手金融機関のパートナーシップ）が発表したレポート、「社会、環境、コーポレートガバナンスに係る課題が株式評価に対して持つ重要性」の中だった。このレポートは、ＵＮＥＰと12の大手機関投資家が大手証券会社に産業分析を依頼して、ＥＳＧ問題が機関投資家のポートフォリオに与える影響について考察した結果をまとめたものだ。

２００６年の第2回報告書での検証を経て、ＵＮＥＰ ＦＩが出した結論は、「ＥＳＧ課題に関する評価を取り入れることで、機関投資家のポートフォリオ運用は改善できる」というものだった。この報告を受けて、当時のアナン国連事務総長は同年内に「国連責任投資原則（ＰＲＩ）」を打ち出し、日本の大手金融機関を含め、世界中の機関投資家はこぞって「ＥＳＧ課題を投資分析と意思決定に組み込む」というＰＲＩに賛同を表明した。

国連が打ち出したＰＲＩのロジックが画期的だったのは、ＥＳＧ追求の存在意義を、収

図表1―4　PRIの6つの責任投資原則

1	私たちは、投資分析と意思決定のプロセスにESGの課題を組み込みます
2	私たちは、活動的な所有者となり所有方針と所有習慣にESGの課題を組み入れます
3	私たちは、投資対象の主体に対してESGの課題について適切な開示を求めます
4	私たちは、資産運用業界において本原則が受け入れられ、実行に移されるように働きかけを行います
5	私たちは、本原則を実行する際の効果を高めるために協働します
6	私たちは、本原則の実行に関する活動状況や進捗状況に関して報告します

出所：国際連合（UN）

益追求を果たした「後の」追加的な社会的責任行為として行われる「CSR（Corporate Social Responsibility＝企業の社会的責任）」から大幅に格上げした点にある。ESGを積極的に推進すること自体が、収益追求と同じように企業価値の向上につながると言い切ったのである。この宣言によって、社会課題の解決を目指すことは、資産運用会社が課せられる「受託者責任（フィデューシャリー・デューティ）」に違反するのではないか、という機関投資家の声は沈黙した。

なお、本書の冒頭でも述べたように、日本ではESGから12年遅れで国連が定めた「SDGs」の知名度が先行してきたわけだが、コロナ禍の影響が経済活動にブレーキをかけた2020年頃から、年金基金によるESG投資の本格化も追い風となり「ESG」が急速に認知されてきた。

2014年に金融庁が「日本版スチュワードシップ・コード」を策定して、上場企業と機関投資家に長期視点の「対話（エンゲージメント）」を促したことも、ESGの推進エンジンとなった。翌年に導入された「コーポレートガバナンス・コード（CGC）」にも同様の記載があった。それ以前にも、長期戦略を理解してもらいたい上場企業の経営者と短期的な投資パフォーマンスの向上を求める機関投資家の間には、検討視点や時間軸に齟齬《そご》が生じる「ショートターミズム」問題が根強く存在していた。

そこに現れたESGは、経営者と投資家の長期視点の対話の主要テーマとなった。

ESGという概念を作り上げ、その理論的背景を構築したのは、地球環境の研究者でも環境活動家でもなく、PRIを練り上げ、賛同者を募った証券会社や機関投資家等、いわゆるウォール街のエリートたちであった。その主たる目的も、資産運用パフォーマンスの向上であり、地球環境や人権保護はその手段にすぎなかった。

ESGの最後の一文字である「G（ガバナンス、企業統治）」は、環境や人権等の社会課題を解決して「良い世界」を目指すという理念とは毛色の異なるテーマだが、資産運用パフォーマンスを向上させるテーマの1つとして、「E」や「S」と併記されている。言うまでもなく、国連の2030年の行動目標であるSDGsの中には、上場企業のガバナンスや株主の権利に関する記述はない。

先述したように、日本においては企業価値向上とは直接関係のないテーマを含む「SDGs」への賛意が先行してきたが、これはわが国特有の現象である。本書はSDGsの理念や推進を否定することは企図しない。ただし、SDGsとESGは似て非なる出自を持った思想であり、資本市場において企業価値に影響を与える国際ルール（プロトコル）は後者のＥＳＧだ。ＳＤＧｓが提唱する17の目標のいくつかに賛同を表明するだけでは、市場が求めるＥＳＧの国際ルールを遵守できたことにはならない。

ＴＣＦＤにまつわる誤解

ＥＳＧが金融の世界が発祥であることが忘れられがちなのと同じく、「気候関連財務情報開示タスクフォース（ＴＣＦＤ）」も誤解されることが多い。

２０２１年の改定コーポレートガバナンス・コードが上場企業に対して、「ＴＣＦＤまたはそれと同等の枠組みに基づく開示の質と量の充実」を求めたことから、日本中の上場企業が一斉にＴＣＦＤ対応に追われる騒ぎとなり、いまや多くの経営者やビジネスパーソンにとって、ＥＳＧと気候変動リスクは同義語に近いものとなりつつある。

上場企業の経営者も含めて、ＴＣＦＤは温室効果ガス（ＧＨＧ）排出量削減等の脱炭素の取り組みにコミットする枠組みであると考えている人は多いが、それは正しくない。

ＴＣＦＤは必ずしも脱炭素を求めていないのである。

もちろん、ＴＣＦＤは温暖化等を深刻な社会リスクとする認識を基礎としているが、その主たる目的は企業に脱炭素を迫ることではなく、投資家保護である。

ＴＣＦＤが求める開示項目は、気候変動リスクにまつわる⑴ガバナンス体制、⑵戦略

（リスクと機会）、⑶リスク管理、⑷指標と目標である。これらの情報を適切に開示することによって、気候変動リスクがもたらす企業価値への影響について、投資家への判断材料を提供しなさい、というのがＴＣＦＤの趣旨だ。

そもそも、ＴＣＦＤを作成したのは金融安定理事会（ＦＳＢ）という先進国の中央銀行や金融当局によって組成された国際組織であり、国連でもなければ、環境関連団体でもない。

そのことが端的に表れているのが、ＴＣＦＤは気候変動に伴って損失が発生する「リスク」だけでなく、新たなビジネスの「機会」についても開示を求めている点だ。

気候変動リスクが深刻化すれば、再エネ、リサイクルビジネス、効率的なビル管理システム等はビジネス機会が増すし、あるいは温暖化の影響で夏のビールやエアコンの販売量も上向くかもしれない。上場企業は気候変動に伴う負の側面だけでなく、正の側面も含めて投資家に情報開示すべき、というのがＴＣＦＤの本質なのである。

開示項目の⑷では、指標と目標を示すと定められているが、これらはあくまで自社のリスク管理や収益機会に関連するモニタリング指標を定めて、財務影響を最小限に抑えるための行動目標を示すことが求められている。温室効果ガス排出量のネットゼロなどの目標を示す、といった類の目標開示ではない。

もちろん、移行リスクに伴うエネルギー価格の上昇が著しい財務インパクトになることが予想される企業や、温室効果ガス削減が企業、投資家（株主）、地球環境にとっての共通目標となるような業種は存在するが、すべての企業がその条件を満たすわけではない。

従来の財務情報開示で捕捉できなかった投資リスクにまつわる情報の「オンバランス化」という意味では、TCFDに則した情報開示の義務化は、過去における時価会計、デリバティブ取引の開示、リース会計等に近い類のものだ。

事実、TCFD情報開示の年次報告書への記載要綱は、IFRS（国際財務報告基準）という国際的な会計基準に則して定められる予定となっている（2022年10月現在）。

βアクティビズム

繰り返しになるが、ESGの理念を最初に提唱したのは、世界有数の機関投資家や証券会社だ。しかしなぜ、彼らは国連と一緒にESG課題の解決が投資パフォーマンスを向上させるという理論武装を行い、ESG投資を盛り込んだPRIへの賛同者を募ったのか。

この謎を解くキーワードが、「β《ベータ》アクティビズム」である。

ちなみに、本節ではαやβといった数学に用いられるギリシア文字を使用するが、方程式や関数等の難解な説明は一切出てこないので、安心していただきたい。

さて、βアクティビズムとは、2021年春に上梓されたジョン・ルコムニクとジェームズ・P・ホーリーの共著『「良い投資」とβアクティビズム――MPT現代ポートフォリオ理論を超えて』（邦訳2022年）の中で提唱された新たな金融理論、社会・経済活動の総称だ。

βアクティビズムを一言で表すと、「個別銘柄の選別ではなく、世界経済全体を押し上げることで資産運用リターンを最大化しよう」という投資戦略のことである。このβアクティビズムの理念は、従来の証券投資の世界でアプリオリ（生得的）に前提条件とされてきた「証券投資は優良銘柄を探し出すことで超過リターンを得る」という常識と、「証券投資のポートフォリオ（分散投資）を行うことで市場リスクはヘッジできる」という定説を覆すものだ。これらについて詳述する前に、まずここで言う「β」について解説が必要だろう。

証券投資理論における投資リターンは、おおまかに以下のように分解される。

ポートフォリオの投資リターン
＝アルファ（α、投資配分や銘柄選別によって得られる超過リターン）
＋ベータ（β、市場全体の成長から得られるリターン）

すなわち、投資リターンは個別銘柄の上昇と市場全体の上昇の2つに分解され、このうち後者の市場全体の投資リターン（β）を押し上げようというのが、βアクティビズムの基本理念だ。

図表1―5　αアクティビズムとβアクティビズム

	αアクティビズム	βアクティビズム
主体者／参加者	投資ファンド 議決権行使助言会社	すべての投資家(機関／個人投資家) アセットオーナー（公的年金等） 政府／中央銀行／金融当局 企業 組織団体（NGO 等）
投資期間	短期	長期
活動内容	株主提案／議決権行使 敵対的ＴＯＢ	長期リスクを組み込んだ投資実行 情報開示等に関する啓蒙活動 法制／ガイドライン整備への参画
活動目的	投資銘柄の株価上昇	市場全体の価値増大
投資評価	相対リターン (対インデックス)	絶対リターン
ゲーム類型	ゼロサム	Win-Win
世界観	クローズド	オープン

出所：フロンティア・マネジメント

ちなみに、「アクティビズム」と聞いて多くの人が想起するのは、日本では「物言う株主」と呼ばれるアクティビスト投資家（もしくはファンド）かもしれない。大手総合電機メーカーの東芝に対して、経営方針に積極的に介入している海外ファンド等が記憶に新しいだろう。

伝統的なαアクティビズムは、投資先の経営者に対して、配当金の増額や経営合理化を迫り、個別銘柄の株価上昇等による超過リターン（α）の最大化を目指した。市場全体、ひいては世界経済の価値の総和を増進することを目指すβアクティビズムとは、根本から発想が異なるのである。

αアクティビズムの価値観は、一定の利潤を奪い合うゼロサムであり、「クローズド」な世界である一方で、βアクティビズムが思い描くのは、利潤の総和を増進できると信じるＷｉｎ－Ｗｉｎの「オープン」な世界観とも言える。

消えゆくα

株式投資の世界では伝統的に、精緻な将来予測や企業分析によって、将来有望な企業を発掘し、思い切った先行投資を行い、長期的なリターンを獲得する手法、つまりαの最大化こそが唯一無二の勝ち筋であった。この伝統派の始祖は、20世紀前半の証券投資のバイブルとされた『証券分析』を著したベンジャミン・グレアムだ。

１９２９年の世界恐慌（ＮＹ株式相場の暴落）の後に刊行された同書は、個別企業に関する丹念な研究と、それに基づく割安銘柄へのバリュー投資戦略の手引書でもあった。この系譜を継ぐ代表的人物が、米国の投資会社バークシャー・ハザウェイを率いる「投資の神様」こと、ウォーレン・Ｅ・バフェットである（彼は実際にグレアムに師事していた）。

バフェットは近年、ＥＳＧ投資の隆盛とウクライナ危機の中にあって、石油・天然ガス関連銘柄を買い進めたことでも物議を醸している。これは彼の政治的信条ではなく、αリターンを求める伝統派の投資家としての矜持、資産運用の世界における世代闘争を表しているように映る。バフェットら伝統派の投資家が擁護する「α」を窮地に追いやったβアクティビズムの発生源は、証券投資の世界における3つの構造変化だ。

1 情報テクノロジーの発達（アルゴリズム取引やスマートベータ運用）
2 金融産業の巨大化に伴う「インデックスファンド」の台頭
3 世界的な社会システムにまつわるリスク（システミックリスク）の台頭

βアクティビズムの第1の発生源は、情報テクノロジーの発達である。

その先駆けと言える「アルゴリズム取引」は、1980年代から米国の証券会社が株式や債券の売買執行におけるコンピュータシステムを導入し、裁定取引等で利益を得ようとするヘッジファンド等に拡大していった。ノーベル経済学賞受賞者やFRB出身者が立ち上げ、ドリームチームとも呼ばれた米国の大手ヘッジファンドLTCMは、このアルゴリズム取引を用いて債券の裁定取引で急成長したが、金融工学による将来予測の限界（ブラックスワン）を露呈し、1998年に経営破綻した。

それでも金融工学は歩みを止めなかった。

アルゴリズム取引が裁定取引の機会を刈り取り終えた後のフロンティアを開拓したのは、「スマートベータ」と呼ばれる投資運用手法だ。スマートベータは、後述するアクティブ運用とパッシブ運用の中間に位置づけられる運用手法で、株価を左右する「ファクター

（株価パフォーマンスを左右する要素）」の影響を先進テクノロジーによって特定しながら、ポートフォリオ構成銘柄を決めていく、世に言う金融技術（フィンテック）の1つだ。

広く採用されているファクターには、「クオリティ（Quality＝財務の健全性）」「サイズ（Size＝大型／小型株）」「バリュー（Value＝株価指数の割安感）」「グロース（Growth＝成長性）」「モメンタム（Momentum＝株価の上昇基調の強さ）」「配当利回り（Dividend Yield）」等がある（これらに加えて、現在400近いファクターが開発されている）。スマートベータは、膨大なデータを解析して、多様な「ファクター」が考慮されたポートフォリオを組成する。

こうして、伝統派の投資家が担ってきた仕事（ポートフォリオ組成や銘柄選別）はデジタル化され、αの領土は侵犯され、βに支配されていく。スマートベータの威力を伝える逸話として、バフェットの投資戦略の解析にまつわる有名なエピソードがある。

1991年から2017年までの期間における投資実績を解析した結果、バフェットは「クオリティ」「サイズ」「バリュー」「低ボラティリティ」等のファクターを好んだ一方で、「グロース」や「配当利回り」等の要素が強い銘柄群はアンダーウェイト（投資ポートフォリオの中の比重を引き下げること）としてきたことが判明した。

これらのファクター傾向を模して疑似的な「バフェットポートフォリオ」を組成したところ、同期間（1991〜2017年）における投資リターンは実際のバフェットの投資実績と見事に一致し、ほとんど残余部分（α）は存在しないという結果となったのである。

投信ブームとインデックスファンドの時代

βアクティビズムの第2の発生源は、「インデックスファンド」の台頭である。

インデックスファンドとは、S&P500や東証株価指数（TOPIX）等の株式指標と同じ値動き、パフォーマンスを目指した運用を行う投資信託のことである。ファンドマネージャー等の運用者の裁量で投資銘柄が選ばれる伝統的な「アクティブ運用」と異なり、株式指標の長期的な増加（β）によるリターンだけを確実に狙う「パッシブ運用」を行うことから、「パッシブファンド」とも呼ばれる。

インデックスファンド誕生の地は、1970年代の米国だ。

1971年に米国初の本格的なインデックスファンド商品（投資信託）が、大手銀行ウェルズ・ファーゴによって販売され、1975年には後に米国最大規模の投資会社となるバンガードが個人投資家向けのインデックスファンドの商用化に成功した。米国のインデックスファンドはその後、エリサ法（1974年）の制定と年金制度における税優遇策である401Kプランの導入（1978年）等の規制緩和を追い風に急成長を続け、2019年には資産規模で8・5兆ドル（約1105兆円）となり、米国の投資信託の預かり資産の約39％を占めるに至った。

この時代の投信ブームの立役者は、米国の経済学者ハリー・マーコウィッツが1952

年に発表した論文で披露した「現代ポートフォリオ理論（MPT）」であった。MPTの登場で、分散投資は投資ポートフォリオのリスク（β）を最小化できるとされ、かつてリスクが高いとして禁止されていた株式の公的年金での運用を解禁させた。

マーコウィッツがMPTを提唱した時代は、米国株式のうち機関投資家が保有していたのは10％に満たなかったが、現在は80％が機関投資家の保有分だ。この大規模な「株式の集中化」の磁力となったインデックスファンドの存在は、「主要な株式指数の構成銘柄に組み込まれるかどうか」という（個別企業の価値とは本質的に関係ない）要素による株価インパクトを増進させた。

米国の金融市場研究者のジェフリー・ワーグラーは、巨大化したインデックスファンドの影響で指数採用銘柄の値動きの連動性が高まり、指数採用の可否が事業価値を左右してしまう現象を「インデックス・インクルージョン効果」と呼称した。ワーグラーの調査によると、S&P500指数の採用銘柄の平均プレミアムは40％に達する時期もあった。

βアクティビズムを提唱したルコムニクらの著書の中では、巨大化するインデックスファンドの影響で、個別株投資によるリターン（α）は米国の年金基金の運用パフォーマンスのわずか25％しか説明できず、残りの75％はβ（システマチックリスクの影響）によって決定されているという研究結果も紹介されている。

日本においても、日経225採用銘柄の中で組み入れウェイトが高い「値がさ株」が、個別企業のファンダメンタルズ（経済の基礎的条件）とは関係なく、日経平均先物や上場投資信託（ＥＴＦ）の値動きに合わせて乱高下する事態が観測されるようになって久しい。その背景として、世界最大の公的年金運用機関でもあるわが国の年金積立金管理運用独立行政法人（ＧＰＩＦ）が、自らの投資行動が市場価格の形成そのものに反作用的な影響を与えるほどの「クジラ」に成長した影響は大きかった。

個人として投資信託などのインデックスファンドに投資していなくても、将来の年金がＧＰＩＦのような運用基金に委ねられている多くの日本人にとって、その動向を無視することはできないのである。巨大なインデックスファンドの値動きは、もはや世界経済の体温そのものであり、これを増進する手段は世界経済の長期持続的な成長しかない。持続的な社会の実現がひたすら求められるわけである。これこそが、インデックスファンドの台頭が金融業界をβアクティビズムへと駆り立てたロジックだった。

アルゴリズム取引等の先進技術やインデックスファンドの登場によって、αリターンを追い求める伝統的な投資スタイルは徐々に劣勢となっていった。そこに最後通牒を突き付けたのが、社会システムにまつわるリスク（システミックリスク）の台頭であり、それを扇動した「市民の英雄」としての新しい金融エリートたちだった。

3　ESGで社会貢献に目覚めた機関投資家

ユニバーサルオーナーの登場

インデックスファンドの巨大化がもたらしたパラダイム転換は、市場参加者である投資家を「プライステイカー（市場価格の受動者）」から「プライスメーカー（市場価格形成の主体者）」に変貌させたことだ。

この結果、機関投資家や個人投資家にとってポートフォリオ配分や銘柄選択の問題は相対化され、すべての投資家は「ユニバーサルオーナー」へと進化する。ユニバーサルオーナーとは、巨額な資産を経済・市場全体に投資する主体者、を指す。これは、本章で説明してきたβアクティビズムと不可分の概念だ。その説明として、GPIFは2011年の「UNEP FI報告書」から以下の文章を引用している。

大手の機関投資家は、世界の資本市場を代表するような、広く分散されたポートフォリオに長期にわたって投資するので、事実上、ユニバーサルオーナーである。彼らのポートフォリオは、必然的に、企業活動を原因とする環境のダメージからの、ますます拡大するコストにさらされることになる。機関投資家は、それらのコストを全体として最小化し、外部性を削減するために、事業活動が行われる方法に影響を与えることができる。長期的な経済の安定と受益者の利益は、今、危機に瀕している。機関投資家は、環境影響がもたらす財務リスクを軽減するために、共同して行動することができるし、そうするべきである。

ESGの前身とも言える社会的責任投資（SRI）の歴史は長く、古くは18世紀の英国のメソジスト（プロテスタント派の新興キリスト教）の創始者ジョン・ウェスレーが1760年に出した説教集「金銭の使い方」に始まったという説がある。その教えは、隣人の精神と身体を損なうことで金銭を稼いではいけないというもので、アルコールやギャンブル、防衛産業等を投資対象から除外する「ネガティブスクリーニング」の発祥ともなっている。

SRIを起源に持つ「ユニバーサルオーナーシップ」の理念を最初に取り上げたのは、世界有数の年金基金である米国カリフォルニア州職員退職年金基金（CalPERS《カルパース》）だった。カルパースは2001年に新興国投資に関する基準を策定した際、政治的安定、報道の自由、労働基準、透明性に関する投資基準を定めた。

これらを踏まえて言えるのは、ESG3兄弟の長男は「S」であるということだろう。

年金や投資信託といった巨額の運用資産（資金の出し手）のオーナーを辿っていくと、富裕層から中間層まで含めた個人資産の総和であり、彼らはすべからく（無自覚な人も含めて）ユニバーサルオーナーの一員だ。

英国の哲学者トマス・ホッブズが説いた「リヴァイアサン」のようなユニバーサルオーナー集団を構成する個人投資家が市民とすれば、ある種の共同体をＥＳＧ革命に導く機関投資家は、いわば英雄である。

しかし、投資家が英雄と呼ばれるまでの道程は長く、平坦ではなかった。

人類史に投資家が初めて登場したのは、さらにさかのぼり、１６０２年のオランダに行きつく。この年、世界初の株式会社であるオランダ東インド会社（Verenigde Oost-Indische Compagnie、以下、ＶＯＣ）が設立された。当時の記録によると、設立時のＶＯＣの株主は全く力がなく、経営者の報酬は透明性が低く、私的なインサイダー取引も日常茶飯事で、株主は役員選任のプロセスに関与することもできなければ、配当による株主還元さえも行っていなかった。

近代史上初のアクティビストとも呼ばれるＶＯＣの大株主、アイザック・ラ・メールの抗議活動の結果、ＶＯＣはついに株主配当を開始するが、それは現金ではなく、アジア原産の胡椒やナツメグ等の香辛料による現物配当だった。

その後、出資者の有限責任、資本移動、企業の永続性（Going Concern《ゴーイング・コンサーン》）等の基本概念から成る「株式会社制度」が世界に伝播していくが、強大な権力を持つ経営者に対して、株主は配当やキャピタルゲイン等の対価を受け取るだけの「プライステイカー」にすぎない「所有と経営の分離」という考え方は、その後3世紀以上にわたって資本市場の原則として鎮座し続けた。

日本人の多くは、他の先進国（主に米国）では株主資本主義が長い伝統になっており、日本が大きく遅れていると考えているかもしれないが、米国においても株主の権利が主張されるようになったのは、ごく最近のことなのである。

例えば、上場企業の取締役の選任に対して株主が意見書（株主提案）を出す権利は、日本では長らく認められてきたが、米国企業の株主が同様の意見書（プロキシーアクセス）を提出できるようになったのは、ニューヨーク州の会計監査官であったスコット・ストリンガーによるキャンペーン活動（BAP）が成功した2014年以降のことだ。

かたや、安定株主や株式の持ち合い等があった日本企業の場合、株主から提出された議題で株主総会が荒れるようなことは少なく、株主提案の障壁が低かった。日本が世界屈指の「αアクティビスト投資家の草刈り場」と言われているのは、このためである。

コーポレートガバナンスをめぐる戦い

VOCの時代から歳月を重ね、投資信託が全盛期を迎えた1970年代になっても、株主や投資家の権利や社会的な存在感が高まることはなかった。1980年代には、南アフリカのアパルトヘイト政策に関与する企業の株式への投資を拒絶する年金基金が登場し、社会的責任投資の萌芽こそ見られたが、経営者と株主の対立構造においては、株主や投資家はまだ悪役とされた（保身や濫費を図る経営者が寝返ることもあったが）。

不評を買ったのは、「グリーンメール（ドル紙幣の緑色の脅迫状の意）」と呼ばれた株式の買い付け行為だ。企業の買収防衛策として、「ポイズンピル（新株予約権の発行による買収防衛策）」「ホワイトナイト（自社に友好的な買収者の擁立）」「パックマンディフェンス（買収を仕掛けられた企業が逆に買付者を買収する行為）」等の独特なネーミングの戦略が知られているが、これらはあまねく1980年代の米国で生まれた言葉である。

投資家（グリーンメーラー）が市場で株式買い付けを行い、経営者に交代を迫った結果、経営者は自社株式をプレミアム価格で買い取り、グリーンメーラーは退却する。あのウォルト・ディズニー社もこの時代にグリーンメーラーの標的となったが、その騒動が一巡した後に議論が紛糾した。グリーンメーラーが巨利を得たのと同時に、自社の株式を高値で買い取ることに応じた経営者もまた、役員のポジションと高禄を食み続けるという意味で、グリーンメーラーと共謀関係ではないか、という問題についてであった（損失を被るのは一般株主だけ）。

これをきっかけに、全米機関投資家評議会（ＣＩＩ）が発足し、株主権利章典による株主平等原則が謳われた。1990年代に入ると、英国を中心とした欧州において、コーポレートガバナンス改革が始まった。1991年に判明した繊維会社の不正会計問題をきっかけに、1992年にロンドン証券取引所がキャドバリー委員会報告書を発表して、1999年に制定されるOECDのコーポレートガバナンス・コードの基礎となった。

かたや、株主や投資家による名誉挽回に向けた狼煙《のろし》も上がっていた。

きっかけは、1989年に起こったエクソンのタンカー「バルディーズ号」の座礁による原油流出事故と巨額損失である。この事件が起こした海洋汚染の衝撃的な映像は世界中に拡散され、環境問題と企業活動をめぐる大論争を巻き起こした。同事件を受けて、投資家団体が同年に公表した「セリーズ原則（当初はバルディーズ原則と呼ばれた）」は、環境問題に関する企業の行動規範を定めた世界初の文書となった。

2002年には、英国の運用会社が機関投資家の行動規範「エルメス原則」を公表した。企業や投資家は短期的な利益ではなく、長期視点に立った価値創造と外部不経済の抑止に努めるべきと記したエルメス原則は、「ショートターミズム」に初めて警鐘を鳴らすガイドラインとなった。そしてこの4年後、機関投資家が社会課題の解決を通して投資パフォーマンス（β）を最大化すると宣誓した「国連責任投資原則（PRI）」の中で、ESGという理念が登場したことは先述した通りである。

「社会善」を先導する英雄となった機関投資家

2006年にESGという概念が誕生した後、世界を襲った2つの事件がβアクティビズムを大きく前進させた。2007〜2008年の金融危機（いわゆる「リーマンショック」）と、2020年の世界的な新型コロナウイルス感染拡大である。

これら2つの出来事は、テーマこそ違えども、社会システムリスクの制御（≒βの増進）が人類共通の重要課題であることを知らしめた。とりわけ、金融危機は市場原理主義の過剰なリスクテイクや強欲《グリード》に対する猛省と反動を引き起こし、各国の政財界に中道左派的な機運をもたらした。金融危機の後には、欧米の著名ビジネススクール卒の就職人気ランキング上位から、投資銀行やヘッジファンドの名前が消えた。

しかし、金融危機後の窮地から立ち上がったウォール街の金融エリートは現在、βアクティビズムの立役者として、「社会善」となるESG革命の先導者として、強大な情報発信力を持つに至っている。金融エリートの所信表明（宗旨替え）による分岐点となったのは、2019年の米国財界団体ビジネスラウンドテーブル（BRT）による「株主資本主義」批判と、「ステークホルダー資本主義」への転向だ。

181名の米国企業のCEOの署名が入った文書の中で、BRTは「どのステークホルダーも不可欠の存在である。私たちは会社、コミュニティ、国家の成功のために、その全員に価値をもたらすことを約束する」と謳った。この宣誓は、1970年代から続いてきた米国の株主利益至上主義の終わりを告げた。この時のBRT議長を務めたのは、JPモルガン・チェース銀行のジェイミー・ダイモンCEOだった。

毎年スイスで開催される「ダボス会議」でも、大手金融機関トップの発言は注目を浴びるようになっている。2020年の同会議では、大手投資銀行ゴールドマン・サックスのデービッド・ソロモンCEOが「女性取締役がひとりもいない企業の上場主幹事は引き受けない」と発言して、大きな話題となった。

ジェンダー平等という観点では、2017年の「恐れを知らぬ少女」の銅像にまつわるエピソードが有名だ。米ウォール街の象徴となっている雄牛の銅像と対峙する場所に、挑むようにして腰に手を当てている少女の銅像が忽然《こつぜん》と現れた（一夜にして設置された）のである。これを企てたのは、米国の大手資産運用会社のステート・ストリート・グローバル・アドバイザーズ（SSGA）だった。ソロモンやSSGAに続くようにして、米国や欧州各国は、女性や性的マイノリティ（LGBTQ〈性的少数者を表す頭文字〉など）、あるいは有色人種の取締役登用を義務づける法整備を進めている。

ダボス会議に定期的に登壇する金融関係者の中で、ソロモン以上に著名な人物は、米国最大の機関投資家ブラックロックのラリー・フィンクCEOだ。フィンクは現在、米国で最も影響力のある民間人のひとりと言われている。ダボス会議にとどまらず、2021年

7月に開催された主要20カ国・地域（G20）財務相・中央銀行総裁会議でも基調講演を行い、再エネ関連技術に投資するための官民パートナーシップの必要性を訴えた。英グラスゴーで開催された国連気候変動枠組条約第26回（締約国）会議（COP26）に際しても、フィンクは他の金融機関CEOに対して、代替エネルギーに投資資金が集まるインセンティブを設けるよう各国政府に要請することを求めた。

大手金融機関に加えて、機関投資家の議決権行使に多大な影響力を与える存在として、議決権行使助言会社の存在も忘れてはならない。議決権行使助言サービス大手のISS（Institutional Shareholder Services）とグラス・ルイス（どちらも米国の会社）が毎年更新する議決権行使ガイドラインの注目度は高く、近年では、女性の取締役登用や政策保有株式の解消が進んでいない企業への取締役選任に反対することを表明して、これらの取り組みで後れをとる日本の上場企業の経営者を震え上がらせている。

いまやコーポレートガバナンス（企業統治）の方針は、政府や議会ではなく、世界的な機関投資家や投資銀行が決定権を握っているも同然だ。現在の日本企業が進めようとしている社外取締役や女性の取締役の登用、ROEや資本コストに準拠した企業価値戦略、代表取締役と取締役会議長の分離等のすべてが、機関投資家からの提案がきっかけとなっている。日本においては、コーポレートガバナンス・コードや会社法は、もはや投資家の情報発信を後追いしている感さえある。

こうして、ESGの隆盛は、金融エリートのキャリアプランにも恵みをもたらした。いまや世界中の運用会社（機関投資家）がESG専任のファンドマネージャー、アナリスト、ストラテジストを抱えているし、金融業界をリタイアした後も、大企業のCSO（チーフ・サステナビリティ・オフィサー）やESGコンサルタントといったポジションが狙えるであろう。

とりわけ、間接金融と製造業を中心に戦後の経済システムを発展させてきた日本においては、証券会社（投資銀行）、資産運用会社、投資ファンド等の社会的評価が低い時代が長く、「虚業」や「金儲け」といった誹りを受けることもあった。筆者も含め、金融や投資に携わってきた人々にとって、証券投資を通じた社会善としてのβアクティビズムの推進者として、家族、友人、隣人に胸を張ることができる現在は、隔世の感さえある。

βアクティビズムの勃興とともに、金融危機で失地した金融エリートたちはESGという免罪符を手に入れたのだ。

ESG投資のパフォーマンスは良好か？

資産残高を着実に積み上げてきたESG投資だが、その存在意義や実際の投資パフォーマンスに関しては毀誉褒貶《きよほうへん》がある。

ESG投資の手法には、(1)スクリーニング（ESGへの取り組みに応じた投資対象銘柄の絞り込みや投資引き揚げ)、(2)インテグレーション(ESGレーティング等を投資判断プロセスに反映)、(3)インパクト/テーマ投資(社会インパクトを目的としてテーマ別ファンド等を運用)などがあるが、要するにこれらは、ESGを積極的に行う企業に「バイアス」をかけて投資ポートフォリオを組成する試みだ。

このESG投資について、「ESG投資はパフォーマンスが良いのか?」という経済記事や論考をよく見聞する。特に、ウクライナ危機後の市場の混乱の中では、ESG投資に向けられる懐疑の声は強まる一方だ。ここでESG投資の存在意義について立ち返る際にも、やはりβアクティビズムという概念の理解が欠かせない。

「ESG投資は儲かるのか」という問いかけに対する筆者の回答は、YES/NOの二者択一と言われた場合はNOであるが、「設問が成立しないので、回答できない」というのが正確だ。そもそも、ESG投資はβリターンの最大化を目指す運用指針であり、ESG関連銘柄への集中投資によってαリターンを得ようというものではない。

つまり、ESG投資銘柄群の相対リターンの獲得は、ESG投資の本来の目的ではない。β全体の増進が一朝一夕には実を結ばないことを語る事例として、社会的責任投資の生みの親こと、カリフォルニア州の年金ファンド・カルパースが過去に行った大規模な「ダイベストメント」がある。すなわち、ESGにそぐわない企業や産業から投資資金を引き揚げる行為を指す。

投資先企業とのエンゲージメントによるESG改善を促すことを原則とするカルパース だが、過去に何度か（損失覚悟での）大規模なダイベストメントを敢行している。1980年代の南アフリカ関連企業と2000年代のタバコ会社株式の売却が代表事例だ。後者では、同社は巨額の損失を計上したとも言われている。

ESG投資パフォーマンスと似た話として、ESG評価・スコアと財務指標の相関に注目した調査等もよく目にする。企業がESGを推進すると、売り上げや利益などの財務指標も改善する傾向がある、というものだ。これについても、「収益性が高い企業がESGに経営資源を向けている」という逆の因果律の可能性があるうえに、そもそもESG推進は個別企業の財務パフォーマンス改善のための行為ではないので、やはり設問自体がナンセンスだ。もちろん、ESG投資が個別銘柄の株価上昇につながる経路はある。

しかしそれは、かなり長い迂回ルートだ。

すなわち、(1)ESGに積極的な企業への投資拡大、(2)社会システム（環境・社会）へのプラス影響（βの増進）、(3)市場全体の株価上昇（βの増進）、(4)インデックスファンド等を通じた個別銘柄の上昇、という迂回ルートを辿るのである。このループを短縮するための仕掛けが、先述の2番目の投資手法インテグレーションにまつわるESGレーティングだ。

世界の上場企業にESGレーティングを付与する格付機関としては、ロンドン証券取引所傘下のFTSEラッセルと米国の金融サービス大手のMSCI ESGリサーチ等が著名だ。これらの格付が考慮されて組入銘柄が決まるESG指数に採用されれば、先述したワーグラーの「インデックス・インクルージョン効果」を通じた株価上昇が見込める（ESG投資の迂回ルートに設置された優先ゲートのようなもの）。

なお、社債格付機関であるS&Pやムーディーズも、企業のESGへの取り組みをクレジット・スコアに反映させる方針だ。結果として、企業価値向上を目指す上場企業はESGをより積極的に推進する。

この意味において、ESG銘柄の投資パフォーマンス向上は、すぐれて人為的かつ恣意的に造成されるのだが、それはある種、当然の帰結である。ESGが取り組む社会課題の多くは、市場メカニズムに委ねていては解決できない「市場の失敗」であるためだ。

ESG銘柄が自律的かつ短期的に好パフォーマンスを遂げることができないからこそ、ユニバーサルオーナーを代表する機関投資家は、ロビー活動を展開して、企業に負の外部性コストを負担させる政策や制度設計を促し、〝持続的な社会の実現〟を掲げてESG革命を先導するのだ。

誰《た》がためにESGは存在するのか。それは、市場全体の富の総和を高めようと行動するユニバーサルオーナーと、その代表者である機関投資家のためにある。

※1　「日本経済新聞」2022年4月28日付朝刊

第2章

ESG格差

——分断される国家・企業・個人

1　Eが国家間の分断を生む

ロシアのウクライナ侵攻がEの再考を促す

ロシアのウクライナ侵攻は、主要国で広がっていた社会の持続可能性《サステナビリティ》というテーマを改めて考えるきっかけとなった。

戦争という暴力行為の発動は、平時に蓄積される精緻で理性的な議論を瞬時に破壊する。そして、識者や一般国民を巻き込み、感情的な議論を台頭させる。世界でも指折りの天然資源国であるロシアが戦争に突入したことで、ESG重視の動きが部分的に小休止する可能性が出てきている。

ウクライナ侵攻の2カ月後、2022年4月14日にステート・ストリート・グローバル・アドバイザーズ（SSGA）は「ESGの観点から考えるロシア・ウクライナ戦争の意味」というレポートを配信した。同レポートでは、戦争による人権侵害という観点で、ネガティブスクリーニングが行われ、「ロシアは事実上、投資不可能な地域となり、国際的な投資家の視点からすると、ロシア企業に深刻な結果をもたらす」としている。

一方で、エネルギーの動向については長期的な移行期の燃料として原子力と天然ガスの選択が行われ、脱炭素化スケジュールに関する規制が緩和される可能性を指摘している。さらに米国については、「欧州の液化天然ガス（LNG）ショックとの関連で、米国のシェール・セクターやLNG（およびロシア産以外の天然ガス）を取り巻くバリューチェーン全体が恩恵を受ける」と予測している。

大和総研も、「大和総研調査季報　2022年夏季号」において、「ロシアのウクライナ侵攻がESG投資に与えた教訓」という論考を掲載した。同論考では、ESGのそれぞれが軍事侵攻の影響を異なるマグニチュードで受けていると分析している。

同論考では、人権（S）やガバナンス（G）の観点では改めてその重要性が認識される一方、脱炭素社会への移行（E）については、そのプロセス自体が影響を受けるだろうと結論づけている。これは、SSGAとほぼ同様の見解だ。

フォーブス・ジャパンの記事では、とある経営者のこんなコメントを紹介していた。※1

「うちもDXはやらないといけないと思っているが、ESG経営はどうなんだろう？ロシア・ウクライナ紛争でエネルギー価格は早くも高騰し始めている。電気料金、物流コストが連動して上がっているほか、円安傾向で原料コストも上がり経営を直撃している。こんな時にSDGsやESGと綺麗事を言っている余裕が本当にあるのか？」

この経営者のように、ESGを一時的に棚上げするという思考が、多くのビジネスパーソンにぼんやりと広がっている。実際、世界中、とりわけ欧州におけるエネルギー不足は深刻化している。今後のロシア・ウクライナ情勢次第では、その深刻さはさらに増す。

冷戦終了後、第1章で指摘した通り、サプライチェーンは、平和なグローバル経済を前提に構築されてきた。しかし、紛争勃発により、世界中のサプライチェーンが分断された。部品や資材のグローバルな調達は困難となり、企業の経済活動は支障をきたしている。だからといって、国内で部品や資材を調達しようとしても、エネルギーが安価で潤沢でなければ、それも容易ではない。

ウクライナ侵攻をきっかけに、風向きが変わった。

戦争状態では、脱炭素社会への移行どころではない。中長期的なことはさておき、いったんここは、ESGのEは棚上げしよう。エネルギーを確保するため、原油や天然ガスの増産をすべきではないか。エネルギーコストの上昇が企業活動や国民に影響を与えないよう、政府は様々な補助をして、企業や国民がエネルギーを従来通りに使用できるようにすべきではないか――。

このように、Eを逆回転させる言説が噴出している。

実際に資金の流れも変調している。メディアの報道でも、ウクライナ侵攻によるエネルギー不足の中で化石燃料への回帰が始まり、金融機関も脱炭素を進める国際的組織から脱退し始めていると伝えている。例えば、オーストラリアの建設業界の年金基金シーバススーパー、オーストリアの連邦年金基金ブンデスペンシオンスカッセが「グラスゴー金融同盟」の参加団体から脱退した。この2つの基金自体は中小型だが、米国では大手のＪＰモルガンやバンク・オブ・アメリカが脱退を示唆している。[※2]

米国では、化石燃料に経済を依存している州があるが、これらの州は、〝化石燃料から投資撤退する〟金融機関との取引を禁じる方針を発表している。米国の大手金融機関は、ＥＳＧのＥを強調し過ぎて、化石燃料依存の州に取引禁止を通告されることを恐れているのだ。こうしてロシアのウクライナ侵攻は、Ｅに対する再考を促している。

天然資源とＳＤＧｓ達成度のランキング

近代・現代の戦争は国家の富を奪い合う行為だ（ここでは宗教戦争は捨象する）。人口が国家の富を表象する時代であれば、戦勝国は属国にした国家の民を奴隷として奪う。ヴェルディのオペラ『アイーダ』でも、戦勝国となったエジプトの将軍ラダメスは、敗戦国エチオピアから大量の捕虜・奴隷を引き連れて凱旋する。

農業に適した肥沃な土地が富であれば、戦勝国は属国の土地を奪う。近代・現代における国家の富はエネルギーであり、必然的にエネルギーの争奪が紛争の主要因となる。

産業革命以降、国富の指標である経済力を上昇させるには、エネルギーが必須となった。具体的には、石炭、石油、天然ガスなどだ。天然資源に乏しい日本も、エネルギーへの渇望から第二次世界大戦に突入した経緯がある。

日頃、我々は国家の力量、いわゆる国力を経済力と比例して考える癖が身についている。しかしながら、それは平時の発想にすぎず、これが戦時にも通用するかどうかは疑問だ。著名なエネルギー専門家であるダニエル・ヤーギンは、近著『新しい世界の資源地図』において、ロシアのプーチンが「石油は世界の政治、経済で、最も重要な要素の1つ」と述べたことを紹介している。

ロシアのGDPは世界第11位（2021年）と低く、日本の約3分の1にすぎない。ロシアがウクライナに侵攻した際も、ロシアの小さなGDPを考えれば世界経済への影響は大きくないという解説をする識者もいた。しかし実際には、ウクライナ侵攻は世界経済を震撼させることとなった。ロシアのパワーの源泉は、その豊富な天然資源だ。先述のヤーギンは、「ロシアは世界の三大産油国の1つに数えられる」とし、「ロシアが世界経済の主要なプレーヤーであるのは、何よりも石油と天然ガス資源のおかげだ」と結論づけている。

ジャーナリストの船橋洋一は、『国民安全保障国家論――世界は自ら助くるものを助く』の中で、ロシアの天然資源が持つパワーの影響力について、豊富なエピソードを用いて紹介している。以下のコメントは同書からの引用となる。

2022年3月初旬にG7エネルギー担当相会議がオンラインで開催され、ウクライナのガルシェンコ担当相が「ぜひ、ロシアからの化石燃料の輸入を止めていただきたい」と懇願すると、G7出席者から沈黙が流れ、ドイツのハーベック副首相はこう答えた。

「私たちは、ロシアにエネルギーをこうまで依存してしまった。歴史的過ちだった。ただ、いま、これを言うのは胸が張り裂ける思いだが、ロシアからのエネルギーの輸入をいま、ここでストップすることはできない」

ウクライナを代表する気候変動学者のクラコブスカは、「(欧州は)化石燃料をロシアに依存してしまい、自由を奪われてしまった。この戦争は化石燃料戦争なのだ。ロシアの化石燃料に依存し続けるということは我々の文明を破壊することになる」と述べている。

日本でも、戦争や紛争など緊急時に備えて、食料安保の準備をすべきという議論が出ている。コロナ禍ではワクチン安保という考え方も議論された。マスク安保という荒唐無稽な話もあった。軍事力強化による安全保障の話も継続的に行われている。

しかし、食料もワクチンも軍事も(マスクも)、エネルギーがあってはじめて意味のある安全保障が担保される。産業革命後の我々の生活システムは、その根幹にエネルギーがある。

空気のありがたさに普段は気づけないのと同様、平時にはエネルギーのありがたさが実感できない。しかし、エネルギーがなければ、現在の我々の社会空間自体が成立しない。

ESGという思想には、天然資源依存からの脱却というテーマ(E)が通底している。それは天然資源を持たない国家からすれば極めて好ましい世界であり、国家の自由度を高

図表2―1　SDGs達成度と原油埋蔵量のランキング

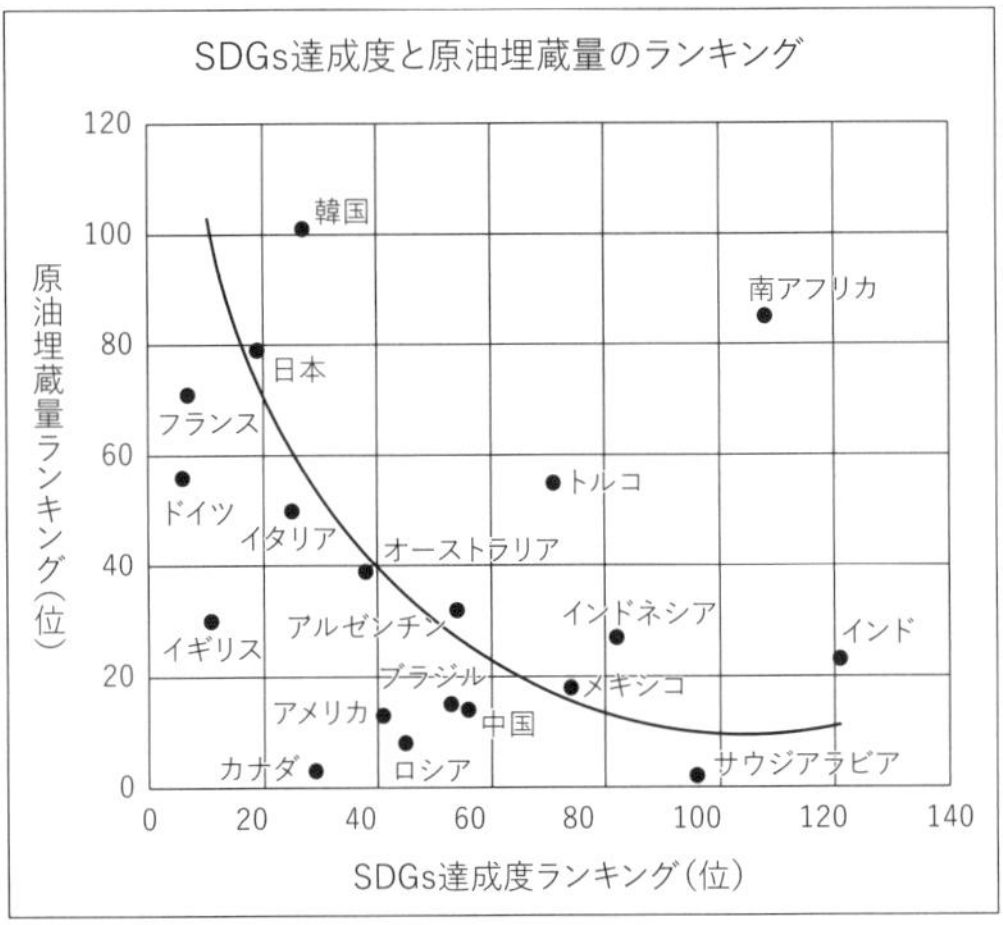

出所：国際統計格付センター資料などからフロンティア・マネジメント作成

図表2―2　SDGs達成度と天然ガス埋蔵量のランキング

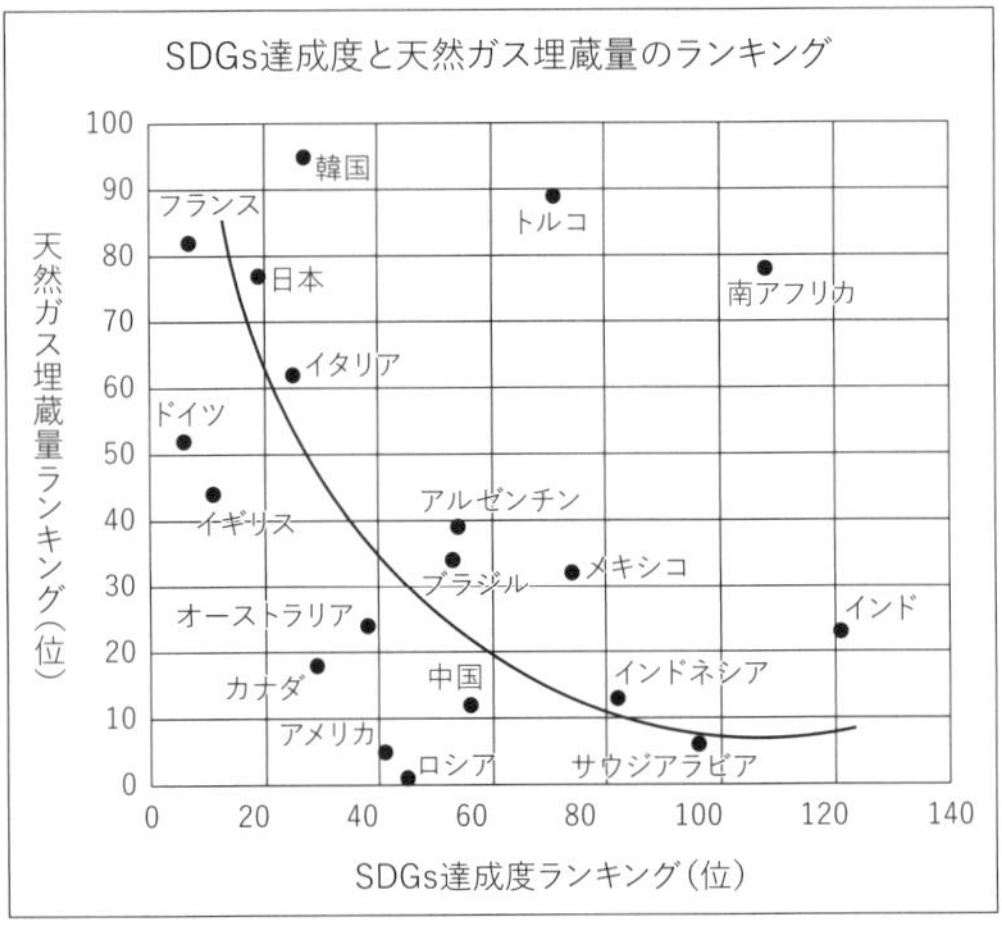

出所：国際統計格付センター資料などからフロンティア・マネジメント作成

める僥倖《ぎょうこう》だ。逆に、天然資源を原動力に世界での「チェスゲーム」でパワーを維持・向上しようとする国家からすると、ESGは望まざる客ということになる。

実際のところ、主要各国のESGへの取り組みは、天然資源の有無と極めて強く連関しているのだ。エネルギーは粗野なパワーだが、ESG推進は、エネルギーを持たない国家（弱者）が、持つ国家（強者）に仕掛ける「イデオロギー闘争」とも言える。

そして、ESGは理性のパワーとなる。

ESGの各国別のデータ比較は容易ではないのだが、持続可能な開発ソリューション・ネットワーク（SDSN：Sustainable Development Solutions Network）などが発表している各国のSDGs達成度という指標が参考になる。前頁の図表2—1と2—2を見てみよう。図表2—1は、SDGs達成度と原油埋蔵量のランキングの相関だ。横軸はSDGs達成度ランキングであり、右に行けば行くほどSDGsへの取り組みが消極的だ。縦軸は原油埋蔵量のランキングであり、上に行けば行くほど原油埋蔵量が乏しい。

図表2—2は、同様の相関図を天然ガスで図表化したもので、横軸は図表2—1と同じだ。縦軸は天然ガスの埋蔵量のランキングであり、上に行けば行くほど天然ガスの埋蔵量が乏しい。

2つの図表とも、南アフリカとトルコという2国を捨象すると、左上から右下にかけて放物線を描くことができる。

興味深いことに、原油や天然ガスといった天然資源の埋蔵量が乏しい国ほど、SDGsへの取り組みが積極的なのである。逆に、天然資源に恵まれた国家ほど、SDGsへの取り組みに消極的となる。

ロシアによるウクライナ侵攻は、明らかな反ESG行為だ。しかし、この2つの図表から類推するに、今回のロシアの行為は、ロシアという〝ならず者国家〟の特殊な動きとはにわかには言えない。ロシアに限らず、天然資源に恵まれた国家は、社会の持続可能性に対するコミットメントが強くない。そのインセンティブが乏しいとも言える。

ここに、ESGのEの切り口で、国家間が分断される様子が見て取れる。

カーボンニュートラルやグリーンエネルギーなどESGのEが目指す世界はクリーンで、誰もが抗いがたい世界だ。しかし、天然資源に恵まれた国家にとっては、それほど甘美な思想ではない。パワーゲームにおけるカードの効力が弱められるからだ。

プロテスタントによる国家建設という出自から考えると、米国（カナダはカトリックとプロテスタントの比率が拮抗している）はドイツなど欧州の一部と同様の価値観を持っていると考えがちだ。しかし、米国やカナダは原油や天然ガスといった天然資源に恵まれており、欧州の主要国とは初期的な条件が大きく異なる。

ESGは多分にキリスト教的な色彩が強いとも言われる。それは地球環境への負荷、人権侵害など西洋人が歴史的に犯してきた罪への対応という側面があるのかもしれない。プロテスタントのドイツも、カトリックのフランスやイタリアも、図表2―1や2―2では左上にプロットされている。持続的社会の実現に対するコミットメントは必ずしも宗教的なものの影響だけではない。

むしろ、プロテスタントであれ、カトリックであれ、宗教的なものよりも、各国が保有している天然資源の水準こそが、社会の持続可能性に対するコミットメントを左右する。国家を分断するESGのE。ロシアのウクライナ侵攻による衝撃は、持つ国家と持たざる国家での利害衝突（コンフリクト）という対立の文脈から今後のESGを直撃すると理解すべきではないだろうか。

逆回転するESG投資

ESG投資は欧米由来であるがゆえに、我々はそれが、欧米で等しく進展していると考えがちだろう。しかし、米調査会社ピッチブック（PitchBook）が発表した「Sustainable Investment Survey 2022」を見ると、それは思い込みにしかすぎないと分かる。同社は、33日間をかけて欧州、北米、中南米、アジアパシフィック、中東アフリカの5つの地域に分けて、投資家の調査を行っている。回答した投資企業の数は552社だ。

調査では、投資家自身の投資戦略について、「①ESGリスクファクターの枠組みを使うか」「②インパクト投資を行うか」という質問がなされた。欧州では「はい」と答えた比率は、①73％、②70％だったが、北米では、①56％、②61％と低水準だった。

ポートフォリオに保有している投資先企業に対し、「財務的に重要なESGファクターについて計測して報告することを要求するか？」という質問もなされた。「はい」と答えた投資家の比率は、欧州が66％だったのに対し、北米では42％と、20％ポイント以上の差がついた。ちなみにアジアパシフィックでは61％だった。

北米の数字を見る限り、ESGに関して及び腰、あるいは懐疑的な傾向が類推される。同調査は、世界の他の地域で見ても、ESG投資に関する脆弱性を浮かび上がらせた。調査対象は投資ファンドへの資金の提供者やアドバイザーらとなるのだが、「投資ファンドに資金提供を決めたり、その投資ファンドを推奨したりする際、投資ファンドの運用者が投資時にESGリスクファクターの枠組みを使うことはどれほど重要か？」という質問がなされた。

2021年に、「極めて重要だ（extremely important）」と答えた比率は20％、「全く重要でない（not at all important）」と答えた比率は12％だった。ところが、2022年の調査では、前者が18％に低下したのに対し、後者は19％と大きく上昇し、「極めて重要だ」と答えた比率を僅《わず》かながら上回ったのである。

2021年と2022年のアンケート結果の相違は、ESGからの脱却姿勢を持つ市場関係者が増加したことが背景にある。これは、実際の資金の動きにも表れている。

次頁の2つの図は「日本経済新聞」記事からの引用である。図表2―3は、2017年に設立されたTransition Pathway Initiative（TPI）が、素材5業種（アルミ・セメント・化学・紙・鉄鋼）約200社を対象に行った分析となる。TPIとは、資産運用会社が支援するグローバルな取り組みであり、低炭素経済への移行に向けた企業の準備状況を評価し気候変動に対応する取り組みを支援するイニシアチブだ。40兆ドル（約5200兆円）以上の資産を運用・助言する120の投資家によって支えられている。

縦軸は各社の対2020年末比の株価騰落率だ。左下から右上にかけて各社がプロットされている。つまり、脱炭素に向けた移行準備レベルの高い企業ほど、過去においては株価パフォーマンスが良好であったことを示している。

しかし、潮目は2022年2月のウクライナ侵攻によって変わった。

図表2―4は、全世界、エネルギー関連、環境関連の株価指数の推移を示している。2022年に入ってからエネルギー関連の株価指数は大きく上昇した。多くの機関投資家が忌避して売却しているにもかかわらずだ。一方、環境関連の株価指数は、全世界の株式指数をさらに下回るパフォーマンスとなっている。

日米欧のESG株式ファンドからの資金流出は2022年3月に最大となった。少なくとも短期的には、ESGバブルが弾けているようにも見える。

図表2—3　脱炭素への移行準備レベルと株価騰落率

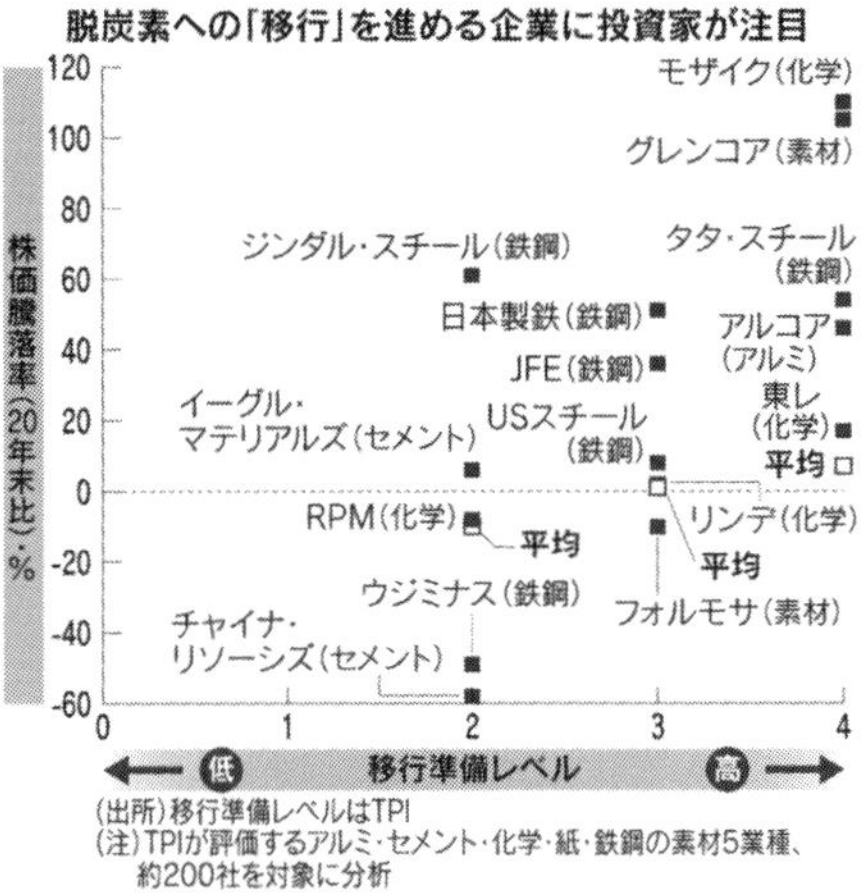

出所：「日本経済新聞」2022年10月10日付朝刊

図表2—4　2021年を100とした株価指数の推移

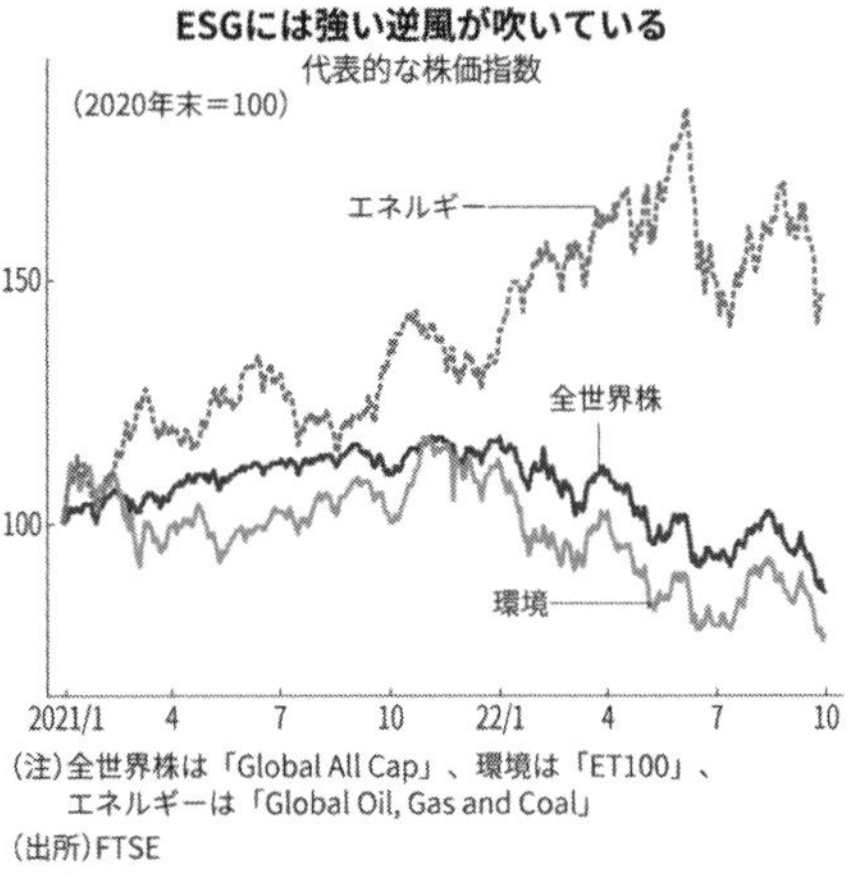

（注）全世界株は「Global All Cap」、環境は「ET100」、エネルギーは「Global Oil, Gas and Coal」
（出所）FTSE

出所：「日本経済新聞」2022年10月10日付朝刊

資源国は、ＥＳＧに積極的になれない。欧州と米国は地球全体で見れば、その文化や出自を共有している。後者には、カナダやオーストラリアなど旧英連邦の国家も含まれる。ＥＳＧへの取り組みという大きな枠組みの中で、その行動様式は同一と考えることが一般的かもしれない。

しかし、ＥＳＧについては、歴史的な文化や出自は必ずしも行動様式を規定しておらず、天然資源という偶然性を基礎とした行動様式の決定が色濃く示されているように見える。資源国は天然資源を神のご加護と考え、それを有効活用して国家間のパワーゲームを行う。非資源国は、技術革新や経済成長にいそしみ、原子力やグリーンエネルギーへの取り組みを強化する。そうして資源国と非資源国はＥＳＧで分断され、衝突する。ロシアのような暴力的な行為だけではなく、理性的で外交的な要素も争点となる。

欧州と米国の板ばさみになる日本

ここに日本の抱える困難性が浮かび上がってくる。

日本は第二次世界大戦後、歴史的に米国と行動を共にしてきた。それは、安全保障だけではなく、経済システムや政治システムなど、日本社会の下部構造すべてにわたる。ＥＳＧが単なるスローガンではなく、経済や政治とも深くつながるテーマである限り、日本のＥＳＧへの対応も米国の動きを睨《にら》みながらとなる。

しかし、天然資源の有無という観点からすると、日本の立ち位置は米国、カナダ、オーストラリアとは根本的に異なる。天然資源が極めて乏しい日本は、欧州と同様の立ち位置であり、お隣の韓国も同様だ。

この点では、実は、経済戦争を続けている米国と中国は、利害が一致する。ロシアとさえも利害が一致している。これらの国家は、過度にＥＳＧを極めるインセンティブは乏しい。むしろ、自らが保有する天然資源を梃子《てこ》に、多国間でのパワーゲームを有利に進めたいという行動様式への強い誘惑を否定することはできないだろう。

日本も米国を追随するような対応を迫られる可能性があるものの、天然資源に乏しいこの国は、物理的に欧州と利害が一致する。

結果として、日本は、天然資源に乏しい欧州主要国と、天然資源が豊かな米国（とカナダ、オーストラリア、ロシア、中国など）との板ばさみとなる。日本の経済力維持のためには天然資源依存からの脱却が好ましい。一方、安全保障の観点からは米国との関係維持が必要だ。国家や企業は難しい舵取りを迫られる。

ＥＳＧのＥという切り口からの二律背反をいかに制御するかが日本の課題となる。70頁の図表2―1や2―2を見る限り、日本のＳＤＧｓ達成度ランキングは欧州同様に十分に高い状態にあり、自国の天然資源の不足という事実に対応した動きとなっている。

日本の課題解決の成否とは関係なく、各国がＥＳＧを推進すればするほど、Ｅが原因となって、国家間の分断は進みかねない。国家間の分断は、天然資源という偶発性のものであり、我々が乗り越えがたい初期的条件と強く紐《ひも》づいているのだ。当面は板ばさみの中で、社会の持続可能性をしたたかに追求していくという行動様式が日本の現実的な解だろう。

米国内でのESGによる分断も始まる

ESGによって、米国内でも深刻な分断が始まっているようだ。

米国からの報道によると米議会の中間選挙での論争を機に、全米でESGを巡る分断が深まってきているようだ。近年、米国の民主党と共和党は人工妊娠中絶、銃の保持など、論点ごとに世論が大きく分断され、衝突する傾向が強まっている。ESGも、この流れの中で、賛成派と反対派に完全に分断され、その裂け目は深まり、広くなっている。

共和党支持が多い州では、環境重視を掲げる大手運用会社などに取引停止を突き付ける。一方、民主党の強い自治体ではウォール街に、より積極的な気候変動対応を求める。両陣営とも取引のある金融機関に「踏み絵」を迫り、過熱する「ESGの政治利用」が、米国の気候変動対応の迷走につながるリスクを秘めている。

つまり、ここでも天然資源の有無、あるいは天然資源への依存／非依存が分断を生んでいるのだ。Eによる州間の分断が見え隠れし、フロリダ州、テキサス州、ウェストバージニア州は反ESGの急先鋒だ。これらの州では、ESGを推進する巨大金融機関との取引見直しが始まっている。ウェストバージニア州は、世界最大の資産運用会社であるブラッ クロック、ウォール街を代表する投資銀行であるJPモルガンやゴールドマン・サックスを、州の取引先リストから除外した。

テキサス州は、今後、公的年金の預託先の選定において、預託先候補企業の天然エネルギーへの考え方を重視する。すでに同州では、天然エネルギーに関して否定的な考えを持つ10の金融機関と348のファンドを特定しているという。フロリダ州はESGという1つの思想の流布や成就のために、公的年金という公の財産を使うことを禁止すべきとしている。

逆に、ESGを推進する側として、ニューヨーク州、メーン州、オレゴン州などが挙げられる。歴史的にカリフォルニア州も同様だ。いずれも民主党が強い、いわゆる青い州（ブルーステート）である。メーン州は、2026年までに年金の化石燃料投資からの撤退を宣言している。オレゴン州は化石燃料投資からの撤退を求める法案を準備中だし、ガソリン車の販売禁止を強く支持しているのも、ニューヨーク州やカリフォルニア州だ。

強硬的な意見が強かった国連やEUも、米国の分断を考慮してかどうか不明だが、現実路線へと微妙に軌道修正を始めている。国連は、2022年6月に策定したばかりの脱炭素に向けた新基準を9月に緩和した。石炭プロジェクトをすぐに中止するのではなく、

「段階的に中止すべきだ」という文言に改めた。EUも同年7月、天然ガスと原子力を「持続可能な活動」と認める方針を打ち出した。

ウクライナ侵攻が始まる半年前の2021年9月28日、ゴールドマン・サックスの商品リサーチのグローバル責任者ジェフ・カリーは、ブルームバーグTVに出演し、ガス・電力価格の高騰を引き起こしているエネルギー供給危機は、「投資が行き渡らなかった」石炭やガスなど古くからあるエネルギー源からの「しっぺ返し」だと述べている。

カリーはさらに「リターンが少ないため、資本はオールドエコノミーからニューエコノミーへ振り向けられた」と発言し、「資本を引きつけ始めるだけの十分なリターンが獲得できるよう、こうした商品の価格はさらに高騰する必要がある」と指摘した。

ウクライナ侵攻によるエネルギー危機で、期せずしてカリーが唱えたエネルギー価格の高騰が生じた。「しっぺ返し」は苛烈さを増している。

ESGはイデオロギーだ

ESGが掲げる〝持続可能な社会〟という考え方はユートピア的で、美しい未来を想起させる。ESGが世界を覆うことで、世界全体はより調和のとれた、平和な社会に向かうイメージがある。地球環境は良化し、人権侵害はなくなり、企業は安定的に高い収益を生む。文字通りのビューティフルワールドだ。

しかし、あえて言うならば、ESGにはイデオロギー的な匂いもつきまとう。英国の哲学者テリー・イーグルトンは、その著書『イデオロギーとは何か』の中で、イデオロギーの性向を詳述している。

1970年代後半からフランスなどヨーロッパ大陸では、ポスト構造主義やポストモダニズムが隆盛し、イデオロギーという概念自体の喪失が主張された。イーグルトンは、これらフランス発の思想を批判した。イデオロギーの喪失などありえない。イデオロギーは広義で、様々に形を変え、我々の生活に影響を及ぼすと。

イーグルトンは、「イデオロギーとは、能動的で物質的な力をおびるものであり、そのためにもイデオロギーは、人間の現実生活を組織するのに役だちそうな内容、それも認識にうったえる内容をすくなくとももっていなければならない」と述べる。

ESGは、まさにこの定義に当てはまりそうだ。

と同時に、イーグルトンは、先の記述の後に、興味深い留保の一文を続けている。

「(前略)イデオロギーが推進する陳述の多くは、現実において真実である。しかしながら、だからといって、イデオロギーには、しばしば、いやほとんどいつも、虚偽や歪曲や神秘化がともなうという主張を否定したことにはならない」

イーグルトンは、虚偽などが入り込んでいる可能性があることも、イデオロギーが抱える性向の1つと言っているのだ。イデオロギーは必ずしも調和をもたらさない。分断を生む可能性すらある。イデオロギーは、シンパ（賛成や同調）とアンチ（反対や反目）という2つの分断された塊を生む。

分断された塊同士は、高い確率で衝突する。

有史以来の多くの宗教戦争がその証左であり、イデオロギーは、歴史的に紛争を生む装置でもあった。第二次世界大戦後における冷戦では、資本主義と社会主義という分かりやすいイデオロギーで世界が二分された。そして、各地で多くの悲劇が繰り返された。

イデオロギーとしてのESGには宗教や資本主義／社会主義のような強さはない。ESGのために焼身自殺する人は（たぶん）いない。ESGをめぐってキューバ危機のような核戦争一歩手前まで行くことも（たぶん）ない。ESGは比較的効力の薄いイデオロギーだ。

だからこそ、ESGは他のイデオロギーとは違って、その違和感が表出されにくい。ESGを軸とした分断や闘争も予見しにくい。そこに危うさもある。

ESGという枠組みは、多段階で分断を生み出す。具体的に言えば、Eが国家を、Sが個人を、Gが企業を分断する。

これらの分断は、悲劇を生み出すのか、新たな調和を生み出すのか。

イーグルトンは「もしイデオロギーが時としてごまかしをはたらくとしても、そのごまかしの理由としてあげられるのは、おおむね人間には希望が必要であるというようなことなのだ」とも記す。

ＥＳＧは、少なくとも表面的には希望の持てる未来像を世界に振りまいているように見える。この意味でも、イーグルトン流で言えば、ＥＳＧはイデオロギー的だ。ロシアのウクライナ侵攻で生じた様々な世界的変容を受けて、ＥＳＧは特にＥの視点においてリアリズムと同居し始めた。イデオロギーは、リアリズムとの同居で寿命を伸ばそうとする。

2　Gが企業間の分断を生む

ESG推進にはアフォーダビリティが必須

ESGへの対応は国家にとっても、企業にとっても、個人にとってもコストがかさむ。CO_2削減にもコストがかかる。人権侵害を避けたサプライチェーン構築も（少なくとも短期的には）コストがアップする。企業統治のレベルアップにも同様に企業側のコストがアップし、それがユーザーや消費者への価格に転嫁される。

言うなればESG推進は〝Luxury（贅沢品《ぜいたくひん》）〟なのだ。

日本は天然資源が乏しい。米国や中国のような国家戦略は採れず、やはり、欧州と同様にESGに取り組んでいかざるを得ない。だとすると、日本企業には、ESG推進という贅沢を選択し続けられる「アフォーダビリティ（購入可能性）」の確保が必要となる。しかしながら現時点で、日本企業の収益性は決して高いとは言えない。

日本企業の収益性（例えばROE）は、米国に大きく引き離され、欧州や中国にも劣後する。それが日本の株価パフォーマンスが振るわない遠因の1つとなっている（87頁の図表2―5）。

第1章でも触れたが、ESGを取り入れた経営を進めていくことは、各企業にとって資金や原料の調達コストを引き上げる。これは不可避だ。ＥＳＧを推す世界では、低収益性の企業は生き残りにくい。各企業はＥＳＧのＧを強化し、収益性を十分に高めることが求められる。

ＥＳＧへの対応には、コーポレートガバナンス・コードの遵守も含まれ、本社のコーポレートスタッフの人員も従前より厚くする必要がある。人手不足で人件費も高騰する今後、収益性改善のための単なる人員削減は現実的ではない。他社との差別化による付加価値アップなど本源的な収益性の改善も求められる。

企業の経済活動をサポートするため、国家も通貨をある程度強くする政策が欠かせない。特に、天然資源を海外に頼る日本には、強い通貨が必須となる。しかし、２０２２年は、対ドルで日本円が大きく減価された。タイムラグを伴って、円安はエネルギーコストの上昇につながり、日本全体での価格上昇を促すだろう。ＥＳＧ対応はそもそも贅沢であり、インフレや価格上昇を伴いやすい。現在の円安はそれを加速する可能性がある。

個人も、アフォーダビリティの有無がＥＳＧ推進と連動してくる。第1章で指摘した通り、サステナビリティに配慮して生産された農産物は、流通価格が高いために、流通段階で余剰在庫となっている。有機農法やフェアトレードの農産物など地球環境や人権に配慮した生産・流通品すなわち、ＥＳＧに対応して生産・流通されている消費財は、非ＥＳＧ対応の消費財と比べてコストがかさみ、価格が高くなる。

図表2―5　各国の株価上昇率とROE（2001～2021年の平均）

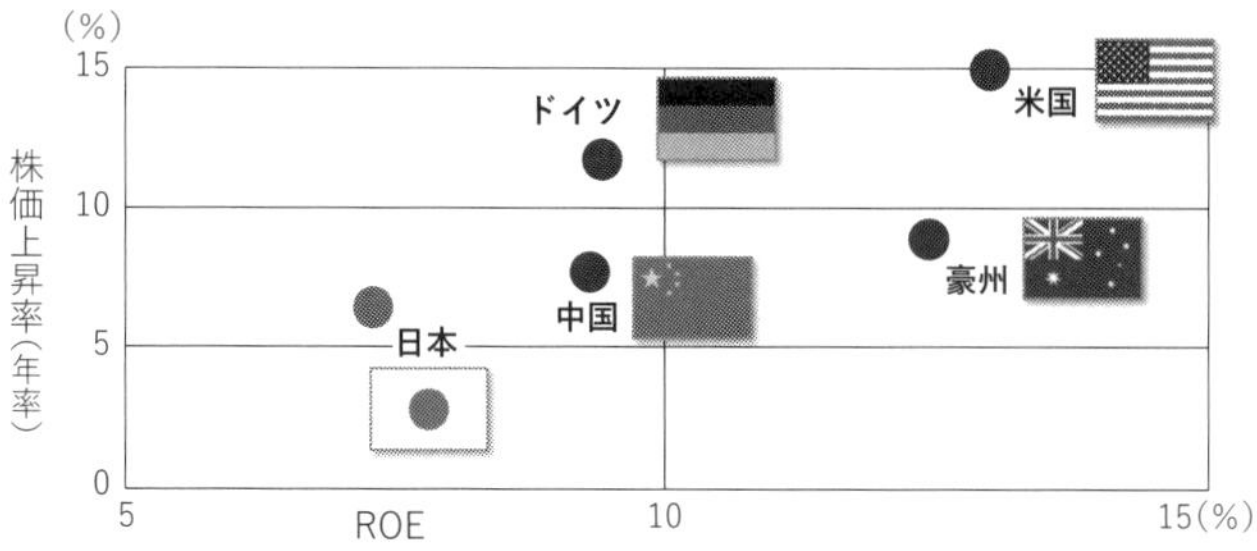

出所：QUICK・ファクトセットのデータをもとにフロンティア・マネジメント作成

身もふたもないが、収入や資産など金銭的に余裕がある人ほどESGシンパな消費行動が可能となる。金銭的に余裕がない人は、ESGへの関心がたとえ強くとも、ESGシンパな消費財への支出を抑えたり、そもそもの関心を放棄したりするしかなくなる。

国家・企業・個人は、それぞれのアフォーダビリティという制約条件の範囲内で、ESGを志向するしかない。そもそもESGは、アフォーダビリティを超えて実現するべきイデオロギーではないし、自分の資力を超えてまで達成すべき行動規範とは言えない。

そのため、アフォーダビリティによって、国家・企業・個人は分断を迫られることになる。つまるところESGは、アフォーダビリティを持つものだけが追求・推進できる贅沢なイデオロギーなのである。

企業を追い込むESGの3つの経路

もう少し、アフォーダビリティが生み出す格差と企業間の分断について考えてみよう。ESGのG対応の巧拙によって企業間の収益性は大きく二分され、優良企業と非優良企業とに各企業が分断される。単に収益性が高いだけでは意味がないのがESGのルールだ。収益性の高さを支えている企業活動の質自体も要求される。反ESG的な行動規範による高い収益性は評価されない。ESGシンパな企業活動を通して、高い収益性の実現が要求されるのだ。

そうしてESGは、企業を取り巻く「人・モノ・金」の3つの経路で企業に行動変容を促す。具体的には、投資家による資本の流れ、労働者の就労先の選択、B2Bにおける取引先の選定などだ。資本・労働・商品サービスといった3つの経路を通じて、反ESG企業をあぶり出し、企業の戦略や行動規範に変容を迫る。これこそが、ESGが追求・推進される世界である。

とりわけ、若者・学生は社会的欲求への強い志向を示している（人・モノ・金のうちの〝人〟）。彼らは、反ESG的な企業には就職したがらない。それが名の知れた日本を代表する企業であったとしても。ESGに反するような企業の名刺を持たされることは格好が悪い。彼・彼女らの理性や感性とは相入れないのである。

ＳＤＧｓやＥＳＧというスローガンを彼らが概念として知り尽くしているかどうかは不明だ。しかし、彼らは社会の持続可能性の重要性を、アプリオリに感性で理解している。若者には残されている将来時間も長い。ＥＳＧ的な思考との親和性も高い彼らが年齢を重ねることで、ＥＳＧへの感度の高い人口の比率は不可逆的に上昇するだろう。

ＭＳ＆ＡＤインターリスク総研が、２０２０年2月に行ったアンケート調査（サンプル数＝１０００人）にもそうした傾向がうかがえる。

質問は、「企業がＳＤＧｓの取り組みを積極的に行っており、環境・社会・働き方課題の解決に貢献しているとしたら、あなたが就職・転職先の企業を選択する上で、どの程度影響しますか？」というものだが、78％の人が「影響する」と回答した。「企業の積極的なＳＤＧｓの取り組みとその情報発信（アピール）は、商品・サービスの購入にどの程度影響しますか？」に対しても、81％の人が「影響する」と回答している。

東大新聞オンラインによれば２０２１年度の学部卒業生の就職先の1位は楽天グループだったという。「東大金融研究会」というサークルがあり、筆者の松岡もこの研究会で講演をした折に、参加者の真剣さや知的貪欲さに圧倒された記憶がある。楽天の初代ＩＲ部長を務めた市川祐子はその著書『２０３０年会社員の未来』で、東大の同サークル向けに株式市場についてオンラインで話をしたときに、希望の就職先を聞いたところ、投資家と起業家が人気で、メガバンクは非常に少なく、官僚はゼロだったと述懐している。

東大生の就職先における人気がすべてではないことは言うまでもないが、彼らが歴史的に就職先として選んでいた官庁、大企業、大手金融機関が、人気を失いつつあることは、何かを物語る。

〝人〟の流れが着実に変化しているということなのである。

ESGの観点で、企業は取引先の選別も進める（人・モノ・金のうちの〝モノ〟）。ジェンダーが偏った企業や児童労働で原料調達をする企業は真っ先に取引先リストから除外される。

NTTグループなど日本の大手企業は「人権監査」を開始している。取引先が人権侵害（強制労働や児童労働）をしていないかどうかをチェックする活動だ。人権遵守における不備があれば、取引停止を含め厳しい姿勢で臨む。

児童労働や強制労働以外にも、賃金の不足・未払い、過剰・不当な労働時間、社会保障を受ける権利の侵害、パワハラ、セクハラ、外国人労働者の権利侵害や差別、なども人権監査（金融用語として「デュー・デリジェンス（DD）」とも呼ばれる）の対象である。人権デュー・デリジェンスはサプライチェーンだけではなく、自社の従業員も対象となる。

主要な先進国でも、人権デュー・デリジェンスを法制化する動きが鮮明だ。

英国では、2015年、「英国現代奴隷法」が制定された。この法律は、英国内で事業を行うグローバル企業（世界での年商が3600万ポンド以上）に対して、グローバルなサプライチェーン上における強制労働や人身取引の有無やリスクを確認し、「奴隷と人身取引に関する声明」を会計年度ごとに開示する義務を課している。

同様に、米カリフォルニア州では2012年に「サプライチェーン透明法」、オーストラリアでは2019年に「現代奴隷法」、オランダでは2019年に「児童労働デュー・デリジェンス法」が施行された。製造業の多いドイツでも、2023年に「人権デュー・デリジェンス法」が施行される予定だ。

日本では、政府が2020年10月に行動計画を作り、「人権デュー・デリジェンスを導入することへの期待」を表明した。ただし、人権デュー・デリジェンスは「推奨事項」にすぎず、企業への強制力はない。

世界中で、質の高い労働力とともに、優れた仕入れ先を奪い合う時代だ。遅かれ早かれ、日本でも欧米のような人権デュー・デリジェンスの法制化の動きが出てくるだろう。

資本の動きも、各企業のESG対応を注視する（人・モノ・金のうちの〝金〟）。

日本サステナブル投資フォーラムによると、2021年度末時点の「サステナブル投資」残高は、前年比65・8%増の514兆円へと急増した。なお、ここで言う「サステナブル投資」とはESGのEの視点で行われる投資を指し、ESG投資に含まれる。

先述したように、ここ最近は、ESG投資からの資金流出が生じている。これを考えると、2022年度末にサステナブル投資残高がどうなっているのかは分からない。ただし、少なくとも2021年度末の残高水準は、日本の年間GDP額とほぼ同等にまで膨れ上がっている。

サステナブル投資では、ネガティブスクリーニングという手法も採用される。反ESGの産業や企業は投資対象としないように、ふるい分け（スクリーニング）が行われる。

第1章でも触れたが、化石燃料を手掛けるような企業から投資資金を引き揚げる行為を「ダイベストメント」と呼ぶ。「日本経済新聞」の記事（2022年1月5日付）によると、2021年12月末時点で、ダイベストメントを表明した年金基金は世界で1502基金となった。これは5年前と比較すると2倍の水準だ。

ダイベストメントを表明した基金が運用する資産総額は4600兆円と巨額だ。巨額な資金は自然な流れとして、1980年代の米国の事例に見られるように、社会に対して強い発言力や影響力を獲得する。

ただし、先述の通り、米国の一部の州では、ダイベストメントを行う基金とは取引を禁じる動きも出てきている。米国における資金の動きは、ここにきてESGシンパとESGアンチで全く逆の動きが同時進行で発生しており、目が離せないことも事実だ。

一部で逆回転の動きが起こりつつあるとはいえ、企業が「人・モノ・金」の3つの経路で、ESG推進を迫られることに変わりはない。しかも、アフォーダビリティを確保するために、ESGシンパの手法を採用することが求められるのだ。

大企業と中小企業の分断

アフォーダビリティによる分断で最も明白となるのは、収益性が高い大企業と苦境に陥る中小企業の格差だ。実際、法人企業統計を使って収益性を分析すると、大手と中小の格差が21世紀になって急拡大したことが分かる。

次頁の図表2―6と2―7は、第一次オイルショック以降の大企業と中小企業のROA（総資産に対する経常利益の比率）だ。前者が製造業、後者が非製造業を表す。

2つの図におけるROAの水準や形状は異なるものの、一致していることがある。それは、両産業ともに、大企業と中小企業のROA格差が20世紀の最後の数年で始まり、21世紀に急拡大していることだ。

大企業と中小企業の収益性は、第一次オイルショック後の1975年からアジア通貨危機の1997年まで大差なかった。しかし、アジア通貨危機の翌年から、日本版金融ビッグバンが始まったことで投資資金の流れが自由化され、大手の機関投資家に資金の集中が始まった。大手の機関投資家は、上場企業の経営への発言力を高めた。上場企業各社は、収益性拡大のプレッシャーを強く受け、それを経営戦略へ反映させた。

大企業は、自らの収益性にとってのネガティブ要因を外部化した。

労働者に占める非正規雇用者の比率が20％を超えたのは、ちょうどこの時期だ。非正規

図表2―6　製造業におけるROA指数

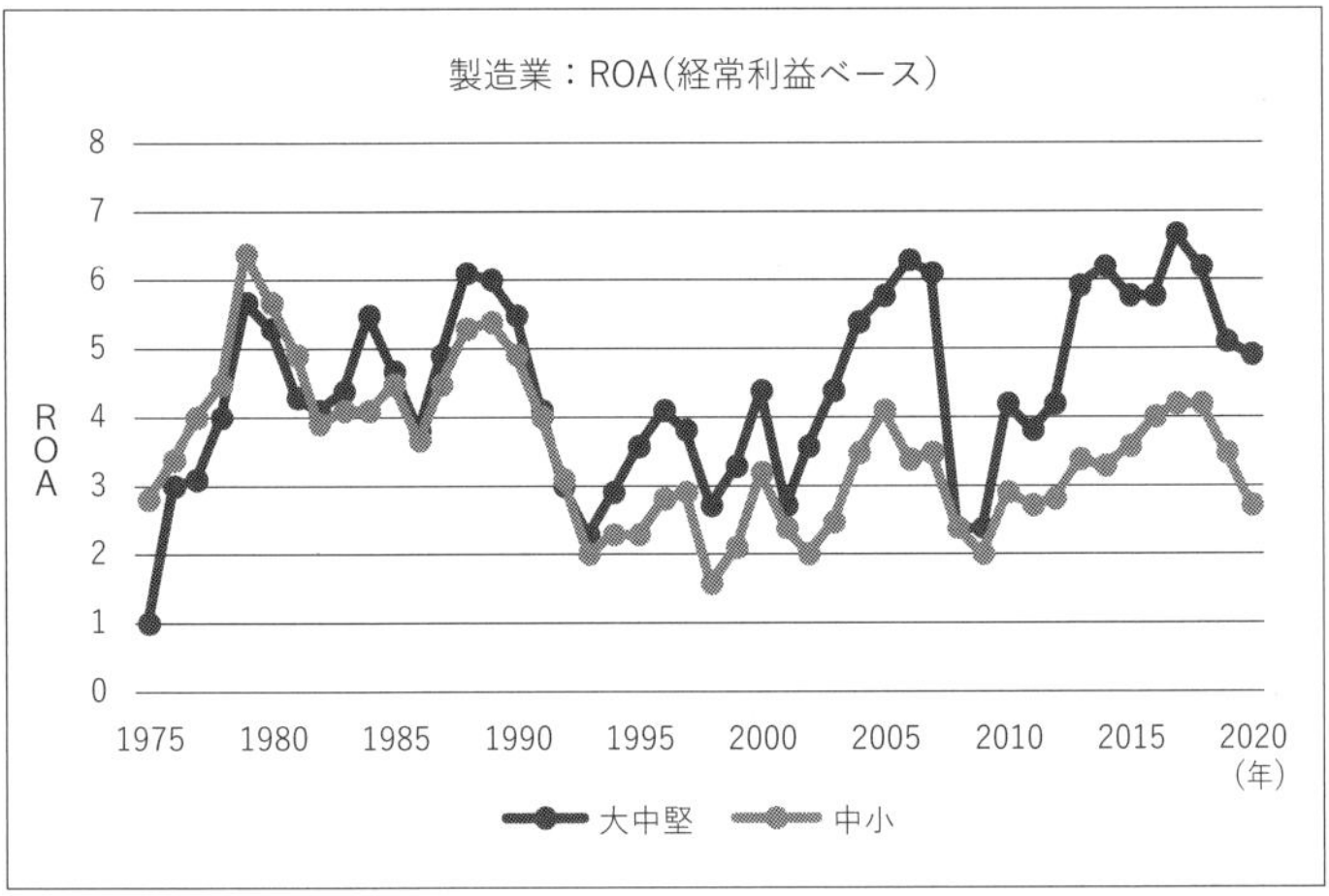

出所：法人企業統計をもとにフロンティア・マネジメント作成

図表2―7　非製造業におけるROA指数

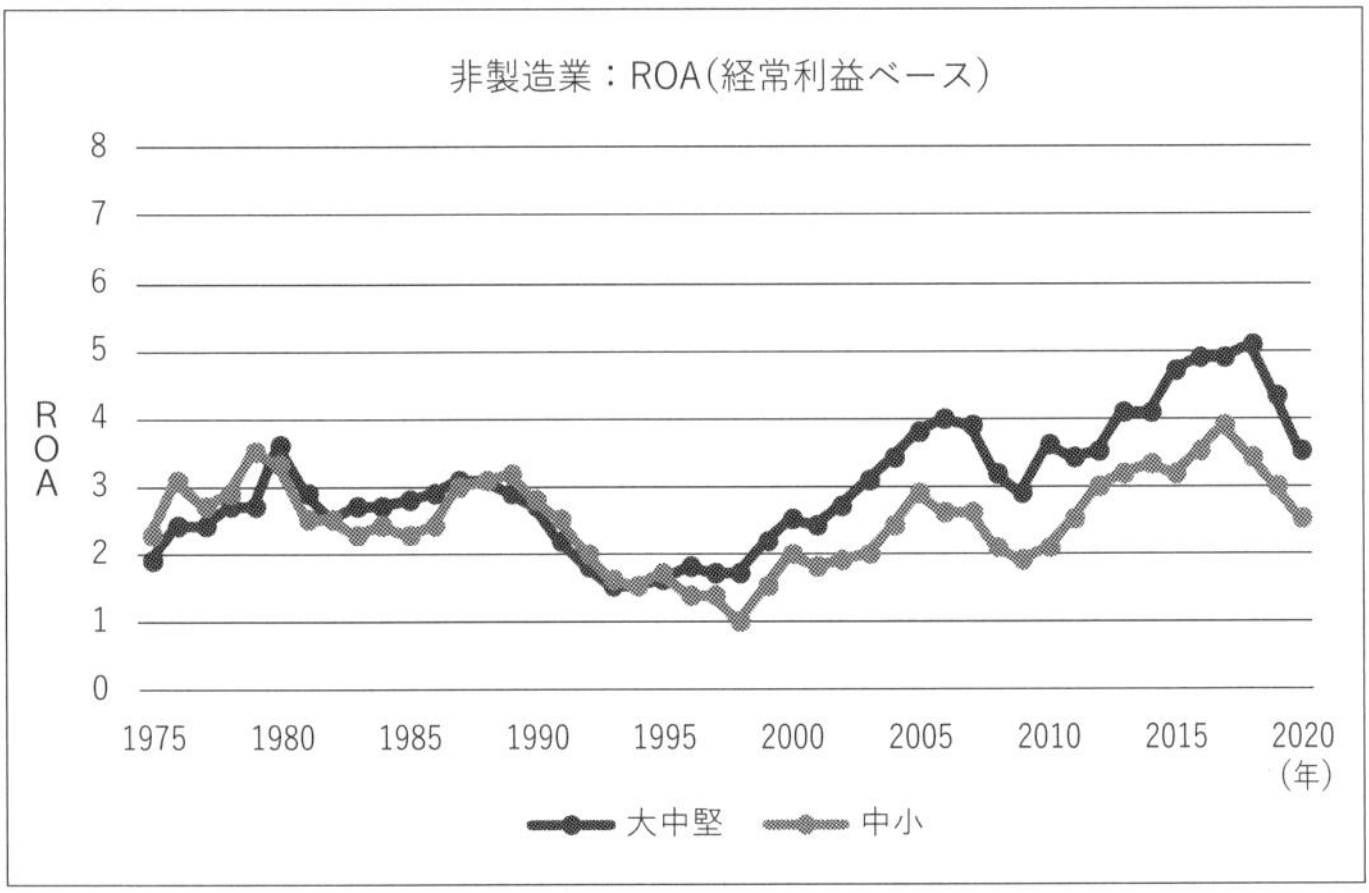

出所：法人企業統計をもとにフロンティア・マネジメント作成

雇用者の比率はその後も一貫して上昇を続け、10年後の2007~2008年には35%近くにまで達した。正社員が切り捨てられたのだ。

不採算事業も切り捨てられた。本業と親和性がない事業は撤退や売却の対象となった。本業と親和性(あるいは本業継続のための必要性)はあるが、それ自体は低収益という事業もある。典型的なのは、労働集約的で収益性の改善が困難な事業だ。

これらの〝必要な低収益事業〟は、バリューチェーンにおける下請け先である中小企業や地方企業へ移管された。労働コストが低いアジアに移管・外部化された事例もあるが、多くの場合、国内の中小企業が受け皿となる形で、移管・外部化が行われた。

筆者の松岡が『持たざる経営の虚実』という本でも示したのだが、第二次世界大戦後一貫して、大企業と中小企業の収益性には大きな格差はなかった。むしろ、大企業よりも中小企業の収益性が高い時期さえあった。それは高度経済成長が終了し、オイルショックが訪れた後も不変だった。日本の中小企業は大手並みの収益性を確保してきたのだ。

しかし、アジア通貨危機後の金融自由化で、大企業、とりわけ上場している大企業は従前よりも高い収益性を求められるようになった。2つの図表を見ても、非製造業においてその傾向が顕著であることが分かる。

非製造業の多くを占めるサービス業では、労働集約的でお客様と直に接する仕事が少なくない。この部分は製造業と異なり、労働コストの低いアジアに外部化して代替することができない。

バブル崩壊の後、20世紀末からの四半世紀の間に日本の大企業は、中小企業に対して、厳しい値下げを要求したり、低収益事業の外部化の引き受けを要請したりした。中小企業は収益性の低い事業を役割分担し、非正規雇用が必要人員の増減のクッションとなった。一方、重荷を外部化した大企業の収益性は上昇し、株価は上昇した。

大企業と中小企業は補完性を増すことで、資本市場における日本の大企業の沈没を回避した。

近年では、菅義偉政権の際に日本の中小企業の淘汰・再編が叫ばれるようになった。中小企業の低収益が日本の経済力の低迷という考え方が根拠にあり、中小企業の生産性アップや淘汰を促そうという動きが先鋭化したのである。しかし、大企業と中小企業は独立して存在していない。

先述したように、大企業と中小企業、都市部企業と地方企業は、それぞれ原料や商品の仕入れなどを通じて、地下茎でつながった非独立的存在だ。21世紀の大企業の収益性改善は、中小企業や地方企業の負担で成立している部分が少なくない。

そうした中で求められるESG対応は、短期的にはコストがかさむ。

収益改善を大命題とされている大企業との補完性が高まる中、日本の中小企業は既に収益性が相応に低下した。今後本格化するであろうESG対応によって、中小企業ではさらにコストアップが収益性を下押しする可能性もある。先述の人権デュー・デリジェンスなどで中小企業を取り巻くサプライチェーンも継続的に監視される。

ＥＳＧのＧの視点でとらえると、大企業と中小企業の分断は広がらざるを得ない。アフォーダビリティ格差が決定的になるのである。

日本では中小企業の就労者比率が70％前後に達する。彼らの精神的安定、経済的安定は、とりもなおさず、日本全体の政治的かつ社会的安定につながる。中小企業は経済的存在だけでなく、社会安定装置（Social Stabilizer）の役割も持っている。

仮に、中小企業の淘汰・再編を進展させてマクロ経済が浮揚したとしても、政治的・社会的安定が揺らげば、そのレジリエンス（回復力）を取り戻すための社会的コストは小さくない。中小企業の就労者の精神的・経済的安定性を確保することとは、中間層の政治的安定という観点で、社会に大きな効用を生んでいる。ＥＳＧのＧの追求は、場合により足かせにならないとも限らない。

利益拡大のために〝ESGする〟

収益性を引き上げて、アフォーダビリティを強化するために、企業が採用すべき行動様式はどのようなものだろうか。

2020年に刊行された夫馬賢治著『ESG思考』は、ESGの系譜を詳述することに加え、ESGを受容していく過程での思考や態度によって企業を分かりやすく4つに分類している。同書の企業分類法には、今後アフォーダビリティによって分断される企業にとっての収益改善の道程が示されている。そこで、次に挙げるその4分類を参考に、企業の収益改善のヒントを論じてみたい。

(1)オールド資本主義――ESG対応に反対。ESG対応は利益にマイナスと考える
(2)脱資本主義――ESG対応に賛成。ESG対応は利益にマイナスと考える
(3)ニュー資本主義――ESG対応に賛成。ESG対応は利益にプラスと考える
(4)陰謀論――ESG対応に反対。ESG対応は利益にプラスと考える

「(1)オールド資本主義」は、産業革命以降の伝統的な資本主義の態度だ。ここに分類される企業や個人は、企業が環境や社会への影響を考慮した行動をとることは、利益の減少につながると考える。そのため、環境や社会への影響を考慮することに躊躇《ちゅうちょ》や戸惑いを感じている。

伝統的な日本企業の多くがここに分類される。中小企業や地方企業ではさらにこの傾向が顕著だ。もちろん、収益重視さえしていない日本企業もあるが、それらは分類対象にさ

えならない。

「(2)脱資本主義」に属する人たちは、「(1)オールド資本主義」の人が利益ばかりを追求することを快く思っていない。企業利益がマイナスになったとしても、環境・社会への影響を考慮したESG的な経済活動が重要だと指摘する傾向がある。

1994年に英国人作家であるジョン・エルキントンが提唱した「トリプルボトムライン」の概念を信奉し、財務的利益、環境的利益、社会的利益の3つの利益をすべて重視し、バランスよく増やそうと考えている。(2)に分類されている企業や個人は、古典的欧州のエリート層が口にする〝ノブレスオブリージュ〟と同様の視点でESGをとらえているところもある。1990年代に盛んに叫ばれた「企業の社会的責任（CSR）」の延長線上の行為としてESGは不可欠だ、という見方である。

ちなみにフランスやスペインなどヨーロッパ大陸におけるESGには、第二分類の色彩が濃く残る。弊社フランス人スタッフにヒアリングすると、フランスではESGは金融機関の人間にしか伝わらない言葉であり、CSRが最も広く認知されている語彙《ごい》だという。CSRはフランス語では「RSE（Responsabilite Societale et Environnementale）」。2015年のCOP21に伴うパリ協定を受け、フランス企業はSDGsをRSEの中に組み入れるようになったそうだ。

「(2)脱資本主義」の人は社会主義的であり、(1)の伝統的な資本主義的スタンスとは大きく異なるように見える。興味深いのは、(1)も(2)も、「ESGは企業収益にマイナス」という認識で一致していることである。

『ESG思考』著者の夫馬はこの共通認識の打破こそが重要だと主張する。

他方でESGを信奉するのが、「(3)ニュー資本主義」に分類される企業や個人だ。ESGを進めれば進めるほど、その企業の収益は増加すると考えるグループである。夫馬によれば、この考え方は10年ほど前から世界の機関投資家やグローバル企業に浸透してきているという。ウォール街も、同様の姿勢に傾倒しているようだ。

最後に残る「(4)陰謀論」に分類されるのは、「環境・社会への影響を考慮すると利益が増える」といった綺麗事の裏には、何か壮大な陰謀があると斜に構えている層だ。欧米の陰謀、中国の陰謀など、様々な〝流派〟があるらしい。

(1)と(2)の分類では、ESGと収益を二項対立と考え、両者のトレードオフ関係を前提としている。(3)の分類では、ESGと収益はシンクロし、相互にポジティブなフィードバック効果を生む。

現時点で、日本においては、(1)か(2)に分類される企業や個人が多いと思われる。しかし、日本企業も今後は、(3)の分類への挑戦が必要となるだろう。

なぜならば、ESGに熱心でない企業には、人・モノ・金が集まらず、結果として高い収益を生み出せない可能性があるからだ。

伝統的な日本の大企業は変化に対応できるだろうか。

夫馬は言う。ＥＳＧの正しい咀嚼法は、脱資本主義ではない。「利益一辺倒でなく、環境や社会を考慮する」というＣＳＲの延長でもない。正しいＥＳＧ思考とは、「利益を伸ばすために、環境や社会を考慮する」のだと。

利益を出すため、成長をするために、〝ＥＳＧする〟というのだ。

ＥＳＧと収益の同期という考え方は、伝統的な企業経営を行ってきた人間にはにわかには受け入れがたいロジックかもしれない。手触り感がないからだ。

話題が少し変わるが、アインシュタインが一般相対性理論を科学界の公的な場で発表したのは１９１５年11月だった。実際に英国の物理学者エディントンが、日食時の太陽の周りで光が屈折したことを観察し、一般相対性理論を証明したのは、４年後の１９１９年である。

ＥＳＧと収益の同期という考え方は、一般相対性理論のようにそれが実際に観察されるまでに時間を要するかもしれない。ＥＳＧスコアの高い企業の収益性が高いというレポートもあるが、ＥＳＧスコアと収益性の連関のうち、どちらが原因でどちらが結果かはよく分からない。

しかし、様々な懐疑はあるものの、１人ひとりは「ＥＳＧの推進が収益拡大につながる」という命題を信じて、各社が未来に自らを投企（自己の可能性を信じて、自らを未来に投げかけること）するしかない。ＥＳＧという切り口で、人・モノ・金が動きだした今、我々はこのゲームで勝つ思考、つまりＥＳＧ思考を身につける必要がある。

問題は、すべての企業がその挑戦を開始できるわけではないということだ。ＥＳＧのＧが企業を分断し、下位に分断された企業はそのままでは挑戦権を与えられない。こうした動きが、企業統合や産業再編につながっていく。

3　Sが個人間の分断を生む

新しい専門家と経済活動のマリアージュ

ESGの視点は固定的でなく、動的だ。現時点でESG的にプラスと思われているものも、明日は別の視点から反ESGと見なされることもある。

例えば、日本企業が強みを持つ分野である顔認証システム。テロ対策など社会の安定という点で正の社会性を持つ商品・サービスでありESG的にもプラスだ。しかし、日本政府は、顔認証システムの輸出規制を検討している。これは、米国のバイデン政権が、監視技術の輸出を管理する多国間の枠組みを作ることを表明したためだ。背景は、中国やロシアなどで国家による弾圧など人権侵害行為に悪用されるのを防ぐためと言われている。

時代や局面が変われば、何が反ESGかも変化する。

2021年11月、複数の欧州のスーパーマーケットが、南米アマゾンの熱帯雨林などの破壊につながっているブラジル産牛肉製品の取り扱いを停止したという。※3 対象商品は、コンビーフ、ビーフジャーキー、カット肉など広範囲にわたる。ブラジルのNGOレポルテル・ブラジルとマイティーアースの共同調査は、ブラジルの食肉加工大手3社のサンパウロ工場と森林破壊との関連性を指摘した。これには、ブラジルにおける「畜牛ロンダリング」も指摘されている。

すなわち、森林破壊を疑われている牧場で育てられた牛を、森林破壊と無関係な「クリーン」な牧場へ違法に売却することで、こうしてロンダリング（洗浄）された牛が、食肉加工会社に転売され、「クリーン」な牛肉製品として世界に販売される。ブラジルで森林破壊によって開拓された土地の大半が、畜牛目的だと報じられている。

地球温暖化対策の切り札と言われる電気自動車（ＥＶ）のバッテリーに欠かせないレアメタルのコバルトも問題化する可能性がある。

コバルトは世界の埋蔵量の半分、産出量の3分の2をコンゴ民主共和国が握っている。コバルトの産出現場は必ずしも希望にあふれたものとは言えず、コンゴ民主共和国の産出現場では、劣悪な環境で多くの児童が働かされている。彼・彼女らが日々で手にする報酬はわずか1～2米ドル（約2～３００円）らしい。あまりに悲惨な状況で産出されるがゆえに、コバルトは「血のダイヤモンド（Blood diamond）」と呼ばれている。[※4]

CO_2削減の決定打として期待されるＥＶは、その心臓部のコバルトが人権デュー・デリジェンスに耐えられるかどうか、という試練を迎えるかもしれない。コバルトを使わないＥＶの開発、コバルトフリーＥＶが実用化される可能性もあるが、現時点で決定的なことは何とも言えない。

こうしてESGの観点からプラスと思われている商品・サービスも、前提条件の変更やサプライチェーンでの問題発見があれば、その評価は大きく変わりうるのだ。

ESGのGについての評価方法や対象は、米国を中心とした長い暗闘の中で形成されてきたものであり、現在では評価が固定的に定まってきている。しかし、EとSは最近になってその重要性が共有された視点であり、評価方法や対象が定まっているとは言えない。

ブラジル産牛肉製品も、EV向けのコバルトも、最初に声を上げたのは環境問題専門の活動家や大学教授だ。たいていの企業経営者は、これまで彼・彼女らとの接点が必ずしも多くはなかった。彼らの声に耳を傾ける習慣も同様に少なく、親和性も希薄だろう。しかし、今後は、彼らとの接点も必要となってくる。

環境問題は以前は公害問題と呼ばれていた。その象徴の1つが水俣病であるが、石井妙子著『魂を撮ろう　ユージン・スミスとアイリーンの水俣』には、水俣病を訴える原告側とともに活動する、多くの環境活動家、地元国立大学教授らが登場する。彼らは無力だが、熱心で愚直だ。一読するだけで大きく心を動かされる。

チッソの工場付属病院長が、水俣保健所に水俣病患者の発生を報告したのは1956年。しかし、当時の厚生省が、水俣病の原因物質をチッソ水俣工場の廃液に含まれたメチル水銀化合物であると認定したのは、その12年後の1968年だった。水俣病の実態が世界に知られるようになったのは、さらに4年後の1972年。写真家ユージン・スミスが、米誌『ライフ』に「入浴する智子と母」などを含むフォトエッセイを寄稿したことで、世界の注目を浴びた。

ＳＮＳが発達した現代であれば、水俣病は異なった展開になったのではないだろうか。ＥＳＧの新しい動的視座が重要となってくる今後、企業経営者やビジネスパーソンの人脈の中に、過去にはつながりが薄かった環境、人権、など新たな分野の人脈が重要となってくる。これら新しい専門家は、変化への気づきが早く、問題が深刻化する前に警告を発することができる。

日本では、ＥＳＧやＳＤＧｓという文脈でCO_2問題が議論されがちである。しかし、ここで挙げた事例のように、CO_2以外の社会問題に対する世界の関心度は極めて高い。この分野における専門家の育成も急務だ。

台頭するパワーエリート

時代が変われば、社会が必要とする専門家も変わる。自ずとその地位は上がり、彼・彼女らは、パワーエリートと呼ばれる。場合によっては時代の寵児となる。そして、時代の歯車を力強く回していく。

１９９０年代、米国の航空宇宙局ＮＡＳＡでは予算が大幅に削減された。職を失った多くの理系エリートはウォール街に職を求めた。彼らが生み出す金融工学は、巨額の収益を投資銀行や投資ファンドにもたらした。投資銀行のボードメンバーは、伝統的な株式営業や投資銀行部門ではなく、債券やデリバティブ部門出身者が占めるようになった。

投資ファンドは兆円単位の資金を扱う巨大な存在となった。政府高官を顧問に迎え、ステータスを高めた。巨万の富を獲得した創業者らは、その資金をさらに新しいスタートアップに投資し、新しいベンチャー企業の育成をした。ファンドの成功によって得た富が西海岸のワイナリーを潤し、新たな富の象徴のような稀少ワインを生み出した。

かつてはNASAや大手電機メーカーで勤務するような理系エリートがビジネスの世界で寵児となることはなかった。しかし、時代がそれを要請し、多くの理系エリートがビジネスの世界で成功を収め、新たなパワーエリートの地位を獲得したのだ。

21世紀に入ると、デジタルサイエンスやバイオサイエンスの専門家が求められる時代となった。彼らはベンチャーキャピタルから十分な資金を獲得し、起業家となった。

ITやバイオ関連のスタートアップ企業は、すぐには利益が出ない。しかし、利益が十分出ていないにもかかわらず、株式上場が果たされ、これら企業の株価は急上昇した。デジタルサイエンスやバイオサイエンスの専門家は、起業家としてだけでなく、新富裕層としても脚光を浴びた。この分野での21世紀のスタートアップは、爪に火を点すような伝統的な起業とは一線を画す。新たなパワーエリートが勃興する仕掛けである。

いつの世も、専門家は、時代の要請という触媒（カタリスト）を梃子《てこ》に、専門家という範疇を超える。そして、その時代の主役の一角を占める。それは現代だけでなく、過去においても同様だった。例えば、中世ドイツの画家アルブレヒト・デューラー。『毛皮の自画像』など多くの自画像を残したことで知られる画家であり、版画家だ。

中世での画家は単なる職人だった。佐藤直樹著『東京藝大で教わる西洋美術の見かた』には、ドイツ・ルネサンスの巨匠として、デューラーがいかに生涯を通じて社会の階段を上っていったかが紹介されている。絵画の状態を永遠に美しく保存したいという求めに応じ、デューラーは「500年美しさや瑞々しさを保証する」というレター付きで絵画制作の注文に応えた。

その後デューラーはアカデミズムとの交流を始めた。そして、神聖ローマ帝国の宮廷画家として名声を得ることに成功し、職人から芸術家となった。彼が本来得意としていた版画も、職人の技巧から芸術の重要なジャンルに押し上げられたという。

ESGへの注目によって昨今、地位が引き上げられている新しい専門家たちも、NASAの理系エリートや画家のデューラーと同じだ。環境の専門家、人権の専門家など、これまでの経済社会で必ずしも脚光が当たっていなかった専門家が台頭している。この2年間でウイルスの専門家に急に世間が注目していることも思い出されるだろう。

ESGのGとは異なり、EとSはいまだ評価が定まらない。評価が180度逆になってしまう可能性もありうる。だからこそ、健全な批判精神で留保しながら、ＥＳＧ（の特にＥとＳ）と同居していくという姿勢が求められる。そのためには、時代の寵児となった新しい専門家との連携が不可避である。

ＥＳＧの何が正しいのか、現時点では不透明なことも多い。しかし、欧米中心（欧州中心の色彩が強い）で世界的な潮流となっているこのＥＳＧと、とにかく付き合っていくしかない。真実や事実を問う前に、皆が信じるかどうかが問われる。

新興企業とルサンチマン

個人も国家と同様にパワーゲームを行う。それは、自らの状態をより適切な状態にしようという動機で行われるものだ。いきなり何を言っているのかと思われるだろうか。

ＥＳＧ（Ｄ＆Ｉを含む）は、社会的弱者の基本的人権の保護を目的としている。男女の差別や人種差別の撤廃、マイノリティの権利保護、先住民の文化・歴史の尊重、児童労働・強制労働の撲滅、所得・資産の格差解消、などが挙げられる。これらは、理性で考えれば容易に理解可能な目標であり（もちろん、実行自体はそれほど簡単ではないので世界中が苦闘しているのだが）、異論の余地はない。

見方を変えれば現在は、ＥＳＧが登場する前の概念では〝社会的弱者〟と位置づけられていた階層・階級が、ESGの流布とともに社会的地位を獲得していくという、一種の階級闘争、あるいは静かな革命が進展している状態とも言える。

興味深いのは、こうした階級闘争や静かな革命が、男性vs女性、貧困層vs富裕層という大きな階層・階級間においてのみ行われているわけではないということだ。同じ階層内・階級内でも階級闘争や静かな革命が起こっている。

例えば、男性のビジネスエリートという同一階層内での分断事例を挙げる。

あるコングロマリット企業A社の役員から直接聞いた話だ。A社ではグループ会社としていくつかの名門ゴルフクラブを保有している。A社と仕事上の付き合いのあるIT企業B社の創業社長から、その名門ゴルフクラブへの入会の打診があった。

A社では慎重に議論が行われた。B社は、創業社長が一代で時価総額を数千億円へと急成長させた企業だ。現在では東証プライム市場に上場している。多くの従業員を雇用し、毎年多額の納税も行っている。一般的に見れば、明白なエスタブリッシュメントだ。

しかし、A社のゴルフクラブが出した結論は、B社の社長の入会を認めないというものだった。そのゴルフクラブの会員は、大手メガバンクや財閥系企業の役員経験者が中心で、B社のような新興ブルジョアの入会は認めないという意見が多数を占めたそうだ。

これは男性のビジネスエリートという狭いカテゴリーにおける、一種の階層であり、階級の話だ。しかも、一般的には見えにくい。

B社の経営はESGの方向性に沿っており、世界の難民の支援、女性管理職の多数の登用、LGBTQなどの権利保護、日本企業のお手本と言ってもよい。収益や時価総額も伸長している。しかし、その社長は、名門ゴルフクラブへの入会は認められない。

B社の社長は、(意識的か無意識的かはさておき)ESGを梃子に革命や階級闘争を行うことが可能だ。売上高や利益や時価総額でさらに努力して財閥系企業を凌駕したとしても、そこには覆らない階級や階層が厳然として存在している。新興企業が、プロ野球団を保有することがなかなか許されなかったのも、同じ文脈で理解可能かもしれない。

実は、現状を打ち破る1つの方法が、ESGの追求なのである。この構図は、ニーチェの唱える〝弱者によるルサンチマン〟と似ている。ニーチェによれば、強者に勝つ見込みのない弱者は、「強者には道徳心がなく、自分には道徳心がある」という意識を持つ。この怨念のような意識を〝ルサンチマン〟という。

様々な理由(B社の場合は伝統や社歴)で強者に勝つことができない弱者は、自らが持つルサンチマンを使う。強者を道徳心という切り口で責めることで、弱者は強者との立場を逆転することができる(と自分を納得させられる)。

ESG追求を正当に実践している企業と、お茶を濁している財閥系企業や伝統的大企業は、ニーチェの言う弱者と強者のようだ。ESG追求がしやすい新興ブルジョア企業は、この論理構成で強者たる財閥系企業や伝統的大企業を責め立てることが十分可能である。

ニーチェの言う弱者は、自分を納得させるだけだが、ESG指数などで新興ブルジョア企業は自らの優位性を高らかに宣言することも可能だろう。

財閥系企業や伝統的大企業の管理職は、日本人の中高年男性の集合体だ。CO_2問題などでESGに対応できたとしても、ジェンダー問題などSについての対応は得手ではない。ESGのSの議論は、社会や共同体のあり方という本質的な問題に直結する。

日本の財閥系企業や伝統的大企業は、Sをグローバル標準に近づけようとすると、既存の人的資産という負の遺産と向き合う必要があり、対応が容易ではない。B社のような新興企業の方が過去の負の遺産が少ないだけに、変化が容易だ。ESG対応をすればするほど、B社のような新興企業と伝統的日本企業の立場逆転が進展する。ESGは見えにくい階級闘争における「現代版の啓蒙思想」となってしまうのである。

地位よりも成長実感が欲しい

ESG推進で立場の改善が期待される女性の中にも、ある種の分断がある。

現在、日本の上場企業各社は、ジェンダー平等という観点から、女性の取締役の数を増やしている。しかし、その候補となる母集団は必ずしも大きくないため、1人で複数の上場企業の社外取締役や社外監査役を務めている女性役員が少なくない。

彼女らは、ＥＳＧが推進されるはるか以前から、伝統的な日本の経済界で重責を担い、実績を残してきた。類いまれなる経歴を持った方々であり、その存在は少数だ。だからこそ、ジェンダーの多様性が求められる現在、多くの上場企業から社外取締役や社外監査役というポジションのオファーが来るのだろう。これ自体は歓迎すべき動きであり、母集団の少なさという問題も、時間が解決するだろう。

興味深い階層内の分断は、同じく女性内にある。現在の20〜30代で活躍している女性のビジネスパーソンと雑談をすると、必ずしも上場企業の役員になど、なろうとしていない感じがする。これは女性だけでなく、男性でも同じだろう。年齢が下がるほど、その志向は低く、いわゆる野心が感じられない。

大手総合商社は、筆者らが勤務するコンサルティング会社の重要なクライアントの１つであり、日本のＥＳＧ推進を担う産業の１つだ。先日、その一社に対して、弊社社員が人事関連コンサルティングの営業に出かけた時の話だ。

当然だが、同社でも女性活躍推進に重きを置いている。毎年の新卒採用は既に50％が女性を占めており、ジェンダーの多様性は順調に改善している。しかしながら、当の担当部長は採用後の運用において、以下のような悩みを吐露した。

「これまで、当グループで活躍する女性は大半がいわゆるバリキャリだった。しかし、最近はそんな風に働きたい女性はわずか。この社員は成長株だと思った女性社員にポストを打診したら、そんなのできませんと断られた」

「ワークライフバランス重視のせいか、例えばサステナビリティ関連や○○推進室みたいな部署にはたくさんの異動希望がくるが、事業部には一切手が挙がらない」

「やはり、今日的な女性の働き方を体現したロールモデルが必要で、それは従来型のバリキャリモデルとは異なる。エクセレントなキャリアでも、長時間労働ではない、再現性のある働き方を示さないといけない」

重い本音だ。

若い女性だけの問題ではなく、男性でも同様である。中高年の一部もそうかもしれない。先述のESG思考への親和性が高い若年ビジネスパーソンは、伝統的な価値全般への憧憬が強くない。上場企業の役員就任という価値が薄れ、リスクと報酬（時間が取られることも含め）がバランスしていないと感じている人たちが一定程度、存在する。

こういう若年層が40～50代になった時、上場企業の役員や管理職に占める女性の比率を一定程度にするという社会的目標が、意味あるものとして存在し続けるかどうかは議論の余地がある。彼・彼女らは、もっと〝しなやかに〟、〝自分らしく〟生きることができるスタートアップや個人事業主というポジションに魅力を感じる可能性すらある。

彼らが大切にしているキーワードの1つは「成長実感」だ。

これは、働くことを通じた成長をどのくらい重要だと思っている（志向している）か、と

図表2—8　成長実感と成長志向の影響度

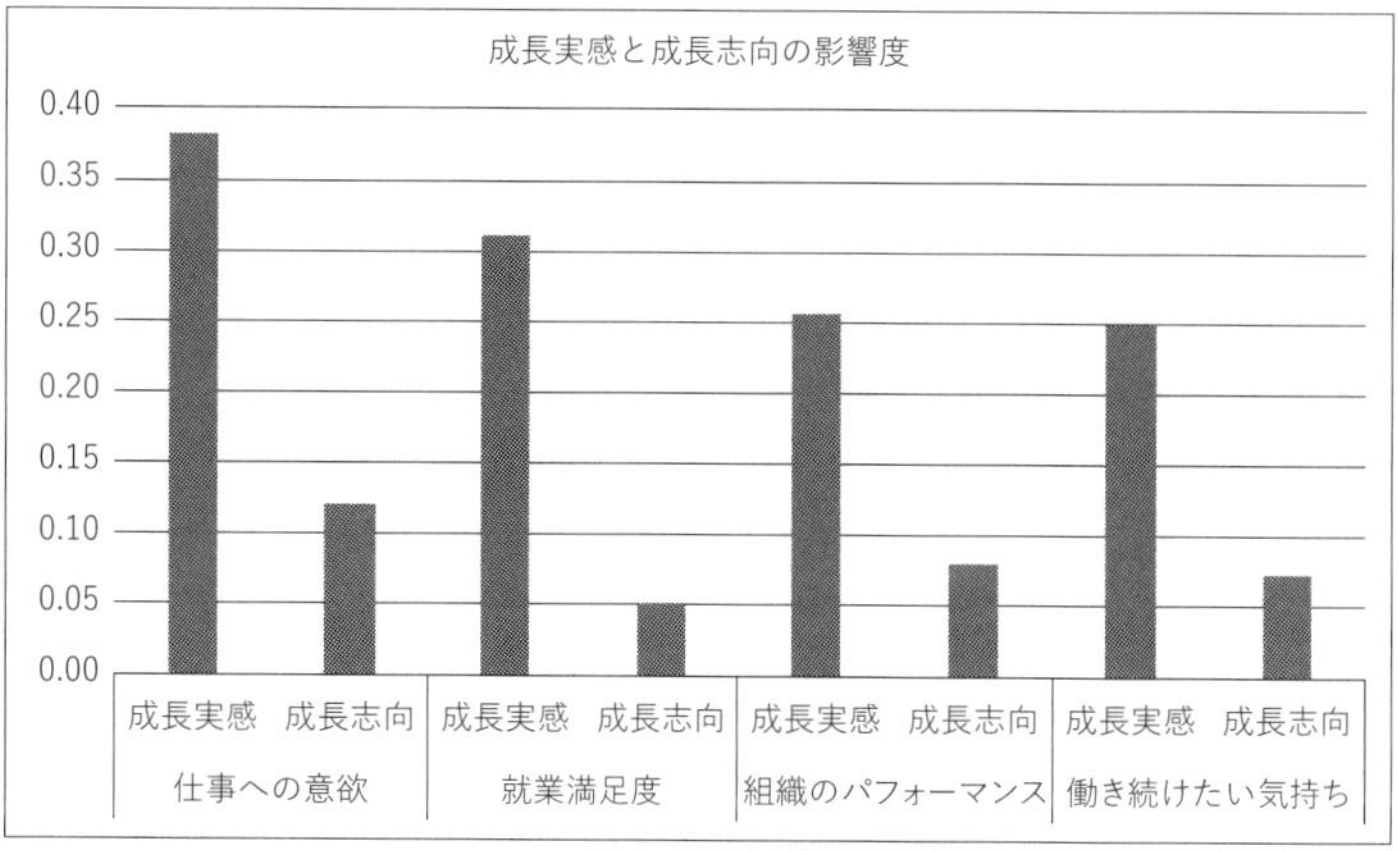

出所　パーソル総合研究所

いう「成長志向」とは異なる。日々の仕事の中で成長を実感しているかどうか、が「成長実感」だ。

図表2—8は、コロナ禍より前のデータではあるが、パーソル総合研究所が行った「働く1万人成長実態調査2017」の結果だ。成長実感と成長志向が与える影響を回帰分析で数値化している。仕事への意欲、就業満足度、組織のパフォーマンスに対して、成長実感が大きく影響していることが分かる。結果として、働き続けたい気持ちとも正の相関がある。

一見すると、ESGの推進は、男性と女性、富めるものと貧するもの、LGBTQとそうでない人、といった大括りでの塊（全個人が分断されたという意味）が前提とされ、それら塊同士での分断の解消が大命題のように感じられる。

実際、そうだろう。塊同士の階級闘争が行われ、静かな革命が進行する。

しかし、微視的に見ると、同一の階級や階層の中に、ESGという虫眼鏡を使用することではじめて観察することができる、微細で微妙なサブ階級・サブ階層があることが分かる。先述の有名ゴルフクラブに入会できないビジネスエリートや、上場企業の役員というポジションに魅力を感じない若いビジネスパーソンらだ。

彼らが意図的にパワーゲームを仕掛けるかどうかは分からない。しかし、ESGを推し進めると、サブ階級やサブ階層の意識の集合体が、社会全体で明らかになってくる。

伝統的な成功者（男性、女性ともに）と、次世代の成功者（潜在的成功者を含む）との間で、意識の齟齬が詳《つまび》らかになる。その場合、日本社会全体として、ESGの方向性や目標の再定義を余儀なくされるのではないだろうか。

ESG、特にSは、社会のあり方という切り口で個人を分断する。その分断はESGという新しい「啓蒙思想」を梃子に新しい階級・階層を創造する。注意すべきは、先頭に立って社会を牽引すべきエスタブリッシュメント内での階級闘争、静かな革命だ。知的な暗闘と言ってもよいだろう。

彼らの心の奥底に潜む旧秩序への業火のような反抗心、肥大した自意識。ビジネスエリートが、本質的に自ら抱えるものの、人前でとても口に出せないような、深層意識が触媒となり、エスタブリッシュメントという同一階級・階層内における個人の分断が進展していく。ESGという言葉が想起させる「よい社会」とは異なる世界が創造されるかもしれないのだ。

清教徒革命・名誉革命・フランス革命

イデオロギーが、社会を変え、階級闘争や革命を起こすことは、ここ数百年の歴史を振り返っても何度もあった。なかでも、全く新しい思想が一気に流布され、極めて広大な地域での社会変容を起こしたのは、欧州における市民革命だろう。

市民革命においても、パワーシフトが生じた。巨視的に見れば、それは旧支配層である王・貴族・教会から、一般市民への権利移動となった。現代のESGで言えば、男性に対する女性、富裕層に対する非富裕層などで、同様な巨視的な力の移動が見て取れる。同じ富裕層の中でも伝統的な富裕層に対して、新興ブルジョアが階級闘争で勝利を収めた。現代においては、先述したIT企業B社の社長の事例は同様の現象だろう。

市民革命では、フランスのように共和制確立とともに完全に倒された王室がある一方、イギリス王室は市民革命や啓蒙思想に対応して新しい形態で生き延びた。

現代における既存の支配層（日本の財閥系企業や伝統的大企業）にとって、ESGという新しい「啓蒙思想」の受容方法の成否は、欧州の市民革命にヒントがある。

君塚直隆著『ヨーロッパ近代史』から、いくつかのポイントを拝借したい。

旧イングランドでは王権とともに諸侯からなる議会の力が強かった。しかし、チャールズ1世は、議会との慣例を無視して王権を絶対視する統治を行った。啓蒙思想とは対極の施政であり、結果は国王の処刑だった(清教徒革命《ピューリタン》)。

フランス革命以前の王政も同様だ。フランス革命前夜にルイ16世とその一族が幽閉された際、フランスの亡命貴族などの支持でプロイセン軍がフランスを攻めたが、ヴァルミーの戦いでフランス革命軍が勝利する。この戦いの2日後に共和制が宣言され、その4カ月後ルイ16世はギロチンの露と消えた。ルイ16世は、理性的に啓蒙思想の受容を考える時間さえなかっただろう。

名誉革命の構図は異なる。当時の議会は、旧イングランドがカトリック国になることを恐れていた。ジェームズ2世とモデナ公国の公女(カトリック)との間に長男が生まれたことで事態は一変する。議会はオランダの有力者ウィレム(彼の妻がのちのメアリ2世)と計り、ジェームズ2世を国外追放した。ウィレムはその後ウィリアム3世として国王となる。

ウィリアム3世とメアリ2世の知恵袋となったのが、亡命先のオランダから帰国したジョン・ロックだ。幼い頃、清教徒革命を間近で経験し、その後のクロムウェルの独裁体制を目の当たりにしたロックは、オランダで開かれた寛容な世界観を学ぶ。ロックは立憲君主という思想を作り上げ、ウィリアム3世はそれを受け入れた。国王・貴族院・庶民院からなる国政が維持され、国王は議会の許可なく課税をすることができなくなった。啓蒙思想との共存だ。

新しい啓蒙思想の受容と共存

ESGという新たな啓蒙思想を受け入れ、新興ブルジョアやマイノリティを受け入れる。欧州の市民革命の結果を見ると、財閥系企業や伝統的大企業は名誉革命時のウィリアム3世のような戦略が1つの受容方法だ。その際には、ジョン・ロックのような優れたブレインも欠かせない。

フランス王室や清教徒革命の英国のように、新しい思想の受け入れがうまくできないと、完膚なきまでに新興勢力に取って代わられる。

逆に、ESG推進派が気をつけなくてはならない歴史的反面教師も、英国の市民革命の時代に存在した。清教徒革命後に恐怖政治を行ったオリヴァー・クロムウェルである。

チャールズ1世の処刑後10年ほどは共和制だった旧イングランドだったが、その後クロムウェルの独裁政治となった。教条主義的清教徒だったクロムウェルは、極端な禁欲主義を市民に強制し、旧イングランド中が暗い空気に包まれた。

清教徒は音楽を禁止し、礼拝では聖書の句を無伴奏で歌う程度しか許されなかった。全国で教会のオルガンがいっせいに破壊され、ロンドンの劇場も閉鎖された。礼拝堂の合唱団も解散させられた。これにより、旧イングランドは「音楽不毛の土地」となり、優れた作曲家はしばらく登場しなかった。

ESG推進派も、クロムウェルのような独裁的、教条主義的な振る舞いは、歴史の教訓として避けるべきだろう。ロックの思想を支える〝寛容さ〟（実際、ロックは『宗教寛容論』を書いている）という姿勢を皆が持ち続けるべきだ。

市民革命のような急速な社会変容を可能としたことの1つに、情報伝達の速さがある。池上俊一著『ヨーロッパ史入門　市民革命から現代へ』によれば、フランスの啓蒙思想は、サロンを拠点として展開され、『百科全書』で最高潮に達した。

『百科全書』とは、ドニ・ディドロとジャン・ル・ロン・ダランベールが編集した35巻の百科事典で、ヴォルテール、ルソー、モンテスキューら当時の一流知識人が執筆協力した。2万5000部が刊行され、その半分はフランス国外で販売された。

啓蒙主義の理想は、この『百科全書』を筆頭とする書物のほか、新聞雑誌や地方アカデミー、サロン、フリーメイソンのロッジ、コーヒーハウス、読書クラブなどを媒介として広まった。フランスからヨーロッパ中の都市中心部、英国、ドイツの領邦、オランダ、ポーランド、ロシア、イタリア、オーストリア、スペイン、そして英国の米国植民地にまで行き渡ったそうだ。

これはESGという理念のグローバル化に類似した動きとも言える。啓蒙思想を中心とした多くの文化や思想は、フランスから全ヨーロッパに、そして米国に広がった。と同時に、ヨーロッパ全体が多様性を受け入れた初期でもある。

ESGはすぐれてヨーロッパ的なものなのかもしれない。

かつてヨーロッパ(特にフランス)は常に思想の中心であり、その発信地であり続けた。ESGは、この意味で「現代版の啓蒙思想」であり、「新しい啓蒙思想」と言える。

池上の『ヨーロッパ史入門』には、さらに興味深い記述がある。18世紀のヨーロッパは伝統的な社会構造や道徳を墨守していたため、啓蒙思想は当初エリートにしか浸透せず、一般市民に啓蒙思想が広まるには、彼らの識字率の向上や出版物の流通が盛んになるのを待つ必要があったというのだ。日本におけるESGの浸透状況と似ていないだろうか。

『百科全書』の執筆協力をしたジャン゠ジャック・ルソーは、1771年に『ポーランド統治論』を執筆した。ルソーはこの本の中で、「どの国の人たちもおなじような趣味・情念・習俗を持っている今では、フランス人も、ドイツ人も、スペイン人も、英国人も存在せず、いるのは『ヨーロッパ人』だけだ」と主張している。

当時の啓蒙思想と、現代のESGはともにユニバーサルな市民を想定していて、ここにも類似性を見つけることができる。ESGが現代版の啓蒙思想だとするならば、現代において支配層たる政府や大企業は、フランス王室や清教徒革命のようにならないよう、ESGによる社会変容を拒絶しないことが重要だ。新興ブルジョアやマイノリティの台頭を自然の流れとして受け入れ、共存を図る必要がある。

※1『フォーブス・ジャパン』2022年6月24日付「ロシア・ウクライナ問題でESG一休み？ 企業がいま取るべき行動とは」
※2「日本経済新聞」2022年10月10日付朝刊
※3「時事ドットコム」2021年12月23日付
※4『週刊ダイヤモンド』2022年1月15日号

第3章

台頭する「21世紀の荘園」と沈む日本の大企業

1　グローバル大企業は21世紀の荘園

コロナ対応で信頼感を増したグローバル大企業

新型コロナウイルスによるパンデミックが拡大した2020年以降、各国が都市封鎖《ロックダウン》に入る中でグローバル大企業は、いち早く従業員向けの対応を打ち出した。

コロナウイルスのワクチン提供を例にとると、米アマゾンは、最前線で働く従業員が物流施設内で接種できる体制を2021年3月時点で構築し、接種拠点数を同年5月時点で米国とカナダの合計250カ所に拡大した。米国内では同年3月1日時点でのワクチン接種率は9％強、同年4月1日時点は20％弱であったことから、アマゾンの動きの早さが明らかである。なお、当時の日本は、医療関係者へのワクチン提供完了にようやく目途が立ち始めていた頃だった。

また、ワクチン接種時に有給休暇を提供するだけでなく、接種奨励金を支給する取り組みも広がった。例えば、米国の食品スーパーのクローガーは100ドル（約1万3000円）、ウォルマートは接種証明を出した従業員に75ドル、アマゾンは接種した新入社員に100ドルなどである。

米国内では、ワクチン未接種の従業員の解雇も行われ、大手メディアCNNや大手金融のシティグループなどでは、雇用主と従業員が対立する事例もあった。米国では、企業が従業員にワクチン接種を求めるのは合法であり、上記2社のケースでも宗教上や医療的な理由による接種免除は認められていた。

もとより、グローバル大企業はグローバルな事業展開に必要な多様性を前提に、組織が運営されている。コロナ禍以前で既に、日本企業に比べて業務の標準化、デジタル化（DX）が圧倒的に進み、BCP（Business Continuity Plan＝事業継続計画）の整備を通じて、有事への備えが整っている企業が多い。

エンワールド・ジャパンの調査によると、日本国内においても外資系企業の約4割は、コロナウイルス流行前からリモートワークを導入していたのに対し、日系企業の導入率は約3割だった。コロナ禍発生後においては、外資系企業のオフィス勤務者の多くがスムーズに在宅勤務に移行したという。オミクロン株発生前で蔓《まん》延防止等重点措置が発動されていなかった2021年11月時点で、出社比率を30％未満に抑えていた企業の割合は、外資系企業の55％に対し、日系企業は37％と後れを取っていた。

また、2020年7月にみずほ情報総研が実施した「新型コロナウイルス感染症流行を踏まえたBCPに関する調査」によると、コロナ禍において自社のBCPが「機能しなかった」日本企業は約28％にのぼった。

実は、グーグルやアマゾンといった一部のグローバルＩＴ大企業は、コロナウイルス禍でもオフィスの増床を続けた。信頼関係醸成やイノベーション創出にはリアルな場での濃密な対面コミュニケーションが必要と考えているためである。なお、コロナウイルスの収束など従業員の安全・健康を確保できない限りオフィスを再開しない方針を明確にした結果、社内での混乱は起きなかったと見られる。

欧米のグローバル大企業はＥＳＧ対応もしなやか

第2章で述べた通り、ＥＳＧ推進はアフォーダビリティが伴ういわば〝Luxury〟《贅沢品》のような取り組みだ。そして、アフォーダビリティがある欧米のグローバル大企業ほど、ＥＳＧを意識して企業活動を行っている。

例えば、グローバルＩＴ企業の多くは、製造を不要とするサービスを提供しており、Ｅ（環境）の対応において圧倒的に有利だ。例えば、２０３０年にカーボンネガティブを目指すマイクロソフトは、他社を巻き込んだサステナビリティ活動を積極的に行う。

そもそも脱炭素の考え方には、次のように3種類のスコープがある。

・スコープ1：自社が排出するCO_2（直接排出）

・スコープ2：自社が使う電気やガスの使用に伴って排出するCO_2（間接排出）
・スコープ3：仕入れ先や販売先などサプライチェーン全体で排出するCO_2（サプライチェーン排出）

マイクロソフトのホームページでは、この3つのスコープに沿った現在の取り組みが紹介されている。

・Transform to Net Zero 連合[※1]を8企業とともに設立
・5000万米ドル（約65億円）をエネルギー関連のパートナーに投資
・世界中のプロジェクトで130万トン分の炭素を購入・除去
・直接排出（スコープ1）および間接排出（スコープ2）で適用してきた社内炭素価格をサプライチェーン排出量（スコープ3）に拡大
・2020年には、すべてのスコープにおいて、58万6683トンのCO_2を削減

GAFAM（グーグル、アップル、メタ〈フェイスブック〉、アマゾン、マイクロソフト）の中でも、唯一製造業を中核とするアップルですら、全事業のサプライチェーンと製品ライフサイクルのすべてにおいて2030年までにカーボンニュートラル達成を計画する。

スコープ1とスコープ2については、既に排出量ゼロを達成済みの同社は、現在、スコープ3でのネットゼロを達成すべく、世界中で部品メーカーなどのサプライヤーに対して、再エネへの移行を促している。

さらにアップルは、2020年に1億ドルの予算で「人種的公平と正義のためのイニシアティブ（Racial Equity and Justice Initiative）」を立ち上げた。アフリカ系などマイノリティの教育、経済的平等、刑事司法改革に焦点を当てた活動は、同社の活動範囲をはるかに超え、国家レベルの取り組みに準じるといっても過言ではない。Mac（PC）、iPhone、iTunes等を通じて米国民の生活に幅広く浸透しているアップルにとって、社会貢献は自社ファンを増やし、最終的に利益を伸ばすために合理的な判断なのだろう。

ESG対応をしなやかに行っているのはIT関連のグローバル大企業にとどまらない。むしろ、ESG対応で世界的に最も先進的な成功事例と言われているのは、消費財を取り扱う伝統的なグローバル大企業のユニリーバである。

ユニリーバは、さかのぼること2010年時点で、サステナビリティに対する取り組みを反映した10年経営計画「ユニリーバ・サステナブル・リビング・プラン（USLP）」を世界各国の関連法人に導入した。同社によると、USLP終了の2020年までの主な成果は以下の通りである。

・健康・衛生にかかわるプログラムを通じて13億人の人々にリーチ
・消費者の製品使用1回あたりの廃棄物量を32％削減
・世界中のすべての工場で埋め立て廃棄物ゼロを達成
・自社工場からの温室効果ガス排出量を50％削減
・世界中のすべての工場で、電力系統から購入する電力を100％再生可能エネルギーに切り替え
・加糖の茶飲料から砂糖を23％削減
・食品ポートフォリオの56％が最も高い栄養基準を達成
・234万人の女性に、安全の向上、スキルの向上、機会の拡大を目的としたイニシアチブへの参加機会を提供
・ジェンダーバランスのとれた職場を目指し、女性管理職比率は51％へ

実は、ユニリーバがUSLPを導入した背景には、2000年代の業績低迷がある。ユニリーバは2000年に米ベストフーズを買収し、これは食品業界の歴史上、最大規模（当時）の買収劇となった。同社はその後も買収を繰り返したが、その一方で売上高は大幅に減少し、世界最大の消費財企業の位置から、ネスレとP&Gに大きく引き離された三番手企業になり下がってしまったのだ。

高値での企業買収、短期的な利益目標の重視を業績不振の原因と考えたユニリーバは、ポール・ポルマンCEO（当時）の指揮の下、自社の存在意義を明確化し、社会に与える価値を示す「パーパス」を他社に先駆けて打ち出す組織改革に乗り出した。その結果が、USLPである。

ユニリーバは、USLP期間（2010〜2020年）に、USLP活動を通じて業界の上位3分の1の財務業績を一貫して継続実現することを実証した。売上高を440億ユーロ（約6・2兆円相当）から510億ユーロ（約7・2兆円）に、営業利益は63億ユーロ（約8820億円）から83億ユーロ（約1・2兆円）に拡大させた。

2021年以降も同社は、新たな企業戦略「ユニリーバ・コンパス」にて、スコープ3の温室効果ガス排出量のネットゼロや、植物由来の代替肉・代替乳製品の売上拡大、すべての顧客と最低限の生活資金確保への貢献を掲げ、取り組んでいる。

自社の先進的な取り組みを積極的に外部にも共有し、ESG対応の重要性を説く同社のポルマン元CEOとサステナビリティ経営で知られるアンドリュー・ウィンストンは著作『Net Positive』などを通じ、世界中の経営者に向けてサステナビリティへのリーダーシップ発揮を強く訴え続けている。

このほかESGのS（社会）への取り組みで特に力を入れるグローバル大企業としては、働きやすさ・離職率の低さで知られるスターバックスが挙げられる。同社の米国事業では、

2025年までに黒人、先住民族、有色人種等マイノリティ（BIPOC）の割合を全社レベルで30％以上、小売および製造の職務で40％以上とする目標を掲げているが、2021年の時点で、スターバックスの米国従業員に占める割合は、女性71・3％、BIPOC48・2％に達している。

スターバックスは、1998年以降、多様なサプライヤーへの平等なビジネス機会提供に取り組んできたという。「サプライヤーの多様性と一体性プログラム（The Starbucks Supplier Diversity and Inclusion program）」の実施がその一例である。2021年単年度で多様なサプライヤーに8億ドル近くを支出したが、2030年までに多様なサプライヤーへの年間支出を15億ドルまで引き上げると発表している。

グローバル大企業への就職人気は続く

ESG推進に積極的なグローバル大企業ほど、「人・モノ・金」の「人」を惹き寄せる。就職先企業ブランディングを行うユニバーサム社の「世界で最も魅力的な勤め先トップ50（Top 50 World's Most Attractive Employers）」によると、過去10年、ビジネス専攻の学生の間ではグーグル、マイクロソフト、アップルを筆頭に世界的にビジネスを展開する企業が毎年上位に名前を連ねる。エンジニアリングやIT専攻の学生の間でも、大きな差はない。

図表3—1　世界・日本で最も魅力的な勤め先上位10社

Top 10 World's Most Attractive Employers(2021)
1　グーグル
2　マイクロソフト
3　アップル
4　デロイト
5　ロレアルグループ
6　アマゾン
7　EY(アーンスト&ヤング)
8　KPMG
9　J.P. モルガン
10　PwC (プライスウォーターハウスクーパース)

Top 10 Japan Most Attractive Employers(2020)
1　グーグル
2　伊藤忠
3　アップル
4　日本航空
5　全日空
6　楽天
7　三菱商事
8　資生堂
9　アマゾン
10　トヨタ自動車

出所：米ユニバーサム

同調査によると、日本でもグーグル、アップル、アマゾンは上位10社に入る（図表3—1参照）。社会的欲求が強く高学歴の若者はESGとの相性が良い。ESG推進企業の持つ魅力は国境を超えて訴えかけてくるのである。

とりわけ、日本社会が世界的に大きく出遅れている女性の採用、登用においては、グローバル大企業が格段の差をつけている。グローバル大企業は、日本企業に依然として多い「年功序列」ではなく、実力・成果主義で人事制度を運用する。さらに、昨今、グローバル大企業は、日本企業よりも育休の取得を積極的に支援し、ワークシェアリング等により実際に短時間勤務を推進できる土壌を持っている。制度は存在するが実態として活用されていない、あるいは出産後に仕事内容が変わり、キャリアトラックから外れることが少なくない日本企業での勤務とは大違いである。

グローバル大企業が提供するのは働きやすさだけではない。口コミによる企業情報共有サイト「OpenWork」を運営するオープンワーク社が2021年7月発表した「女性の成長環境がある企業ランキング」では、グローバル大企業が1、2位を独占し、上位5社中3社が外資系大手企業だった。

1位だったP&Gジャパンは、日本で約30年にわたって女性活躍推進など活動を展開している。P&Gジャパンの女性管理職比率は36・5%、女性役員比率は26・7%と日本平均の10・7%、7・5%をそれぞれはるかに上回る。最近では、LGBTQや障害者に対象範囲を広げた多様性に関する研修を行うほか、自社が培ってきた女性活用に関する知見やノウハウを社外に広める活動も積極的に展開する。無償提供する管理職向けの研修の社外からの参加者は、2016年からの累計で約730社、約4800人にのぼる。

OpenWork上では、P&Gジャパンの女性社員から「女性も男性も全く意識したことはない」「男女による業務上の差別などは感じたことがない」「女性の管理職も多く、制度も整っています」などのコメントが寄せられ、実態として女性が女性であることを意識せずに働いていることが分かる。

なお、2021年1月オープンワーク社が発表した「社員が選ぶ『働きがいのある企業ランキング』」でもP&Gジャパンはトップに選ばれており、女性だけでなく働きがいを求める男性にも高く評価されてきた。

「女性の成長環境がある企業ランキング」で2位のグーグルも、オープンワーク社の2020年9月発表の「退職者からの評価が高い企業ランキング」で2位を獲得し、男女を問わず働きやすく、成長実感を提供する企業と認識されている。

グローバル大企業の社員は、元社員も含めて、愛社精神・社員であることの誇りが強いことが多い。社員自ら「Amazonian《アマゾニアン》」と呼ぶアマゾンの社員は、社内の業務上・非業務上の取り組みに「アマゾニアン」としての共通の価値観を基準として判断する。就職・転職の口コミサイトを通じて、社員や元従業員の生々しい声が見聞きできるようになった現在、企業と求職者の間に存在していた情報の非対称性が薄れつつある。人口減少に伴い、若手労働力不足に直面する日本企業にとって、ESG推進への取り組みに出遅れることは、「働きやすそうで、より成長機会を与えてくれそうな」グローバル大企業に人材を奪われ、結果として自社の事業成長も阻害されるという負のスパイラルを加速しかねないのである。

21世紀の荘園を生み出す富の偏在

逆に言えば、ESG推進にいそしむ企業群は、質の高い労働力を世界中から集めることがより可能となる。有能な人材は差別化された創造的な商品・サービスを生み出す。それが利益につながる。こうした好循環を生み出す企業と生み出せない企業はその先、どうなっていくだろうか。

有能な働き手たちは、前者に属することで物質的にも精神的にも安寧を得る。世界の果てで何が起ころうと、豊かに繁栄しているように眩い輝きを放つグローバル大企業。その経営者や従業員の様子は、さながら現代に蘇った「21世紀の荘園」のようでもある。

ここでそもそも荘園とは何かをおさらいしておこう。

日本史に登場する荘園とは、国土の中でも貴族や社寺、地方豪族による私有が許されている土地のことを指す。その私有地を基盤として、荘園に帰属する人民を支配する仕組みを荘園制と呼んでいる。荘園のイメージを膨らませるためにわが国における荘園の歴史を簡単に紹介する。

なお荘園制についてはベストセラーとなった名城大学教授の伊藤俊一著『荘園——墾田永年私財法から応仁の乱まで』が詳しい。

日本における荘園または荘園制度の成立は奈良時代にさかのぼる。743年、天然痘の流行による人口減少が発端となり荒廃した農地の再開発や農地の新規開拓を目的とし、律令制の公地公民の例外として土地私有を認める墾田永年私財法が発布され、これを機に初期荘園が誕生した。

天皇を支える摂政と関白が実質的に実権を振るった摂関政治が行われた平安時代は、富士山の噴火や数々の大地震等の天災が相次いだ。朝廷は天災対応として、既に増加していた一般の荘園に税収を求めた。朝廷が主に寺仏閣に対して付与した、税と役人を受け入れない権利である不輸不入の特権は、在地領主が成長した鎌倉時代から一般の荘園に普及し始めた。

不輸不入特権を持つ中世の荘園は、警察権を含む公的権力が不在の独立した世界であった。すなわち、国家から独立して、領主がその土地全体を統治していた。領域内の資源の利用について外部からの規制を受けず、自由な農業が行われた。

領主は、年貢をはじめとする賦課物を負担する農民を勧農や経済的・政治的保護を通じて庇護する役割を担った。たびたび起こっていた災害の際にも、領主は荘園内のすべての関係者と協力し、解決していくことで荘園の存続を目指す必要があった。実際のところ、大半の農民は年貢さえ納めれば、飢饉などに際して逃散することが幕府から認められており、移動の自由、ひいては居住地や仕える領主を選ぶ自由も認められていたからである。

中世の荘園では、領主による農民の庇護を前提に、農民もその支配を承認し、年貢や公事を納める、一種の契約関係が成立していたと言える。契約関係に基づく荘園制的秩序は局所的な安定をもたらしたが、それが成り立たない場合には、農民が剰余労働力の確保による生活の安定を求めて団結し、個別領主のみならず幕府や寺社とも対峙する激しい闘争を展開することもあったのだ。

荘園領主は、有形無形のメリットを、荘園に帰属する個人に与える。個々人は荘園で得られるメリットを享受し、荘園に居住し続けることで安定や精神的満足を獲得する。それが人々を引き寄せる仕組みだった。

現代の荘園たるグローバル大企業や一部のスタートアップ企業は、個々人にとって国や地方自治体よりも頼りがいのある存在になっている。コロナ禍でのワクチン接種の巧拙など、些末な例のように見えるが、そうしたところにこそ、グローバル大企業の圧倒的な強さが垣間見えるのだ。

海外の歴史にも目を向けると、荘園に相当する土地私有の制度は諸外国にも存在し、東ヨーロッパや米国などでは近代に入るまで続いた。米国の労働経済学者であるサンフォード・M・ジャコービィ著の『会社荘園制――アメリカ型ウェルフェア・キャピタリズムの軌跡』によると、19世紀後半に産業化が急速に進んだ米国では、企業が荘園としての役割を果たし始めた。

大量の人々が農村から都市部に移り、土地を持たずに企業で勤務し始めたことで、自らの生活を安定させるために、高付加価値の技術、知識の習得を通じて自らを守る個人主義、そして共済組織（のちに労働組合に発展）を通じた互助主義等が浸透し始めた。

同時に、企業側もその構成員である従業員に対して、様々な庇護を与えた。元来、企業は弱い労働組合と小さな政府を志向したが、それに加えて、個人主義への対抗策として、従業員が1つの企業で長く勤務するインセンティブを提供する方が人材育成コストは下がり、生産性も上昇すると考えたためである。さらには、自ら事業を起こした企業家は、自分が従業員の世話役という意識や家長としての義務を感じる傾向にあったという。伝統的な日本の大家族型の企業構造と類似している。

荘園としての役割は、1920年代の世界大恐慌の前までに米国の多くの企業に多かれ少なかれ浸透した。その後、サービス経済化や高学歴化といった時代の変化に柔軟に対応しながら、今日まで存続してきた。

そして、21世紀に入り、企業の荘園的機能は、その存在感を大きく高めていると言える。世界銀行のデータに基づくと、米国企業の時価総額は、1989年の3・38兆ドルから、2020年の40・72兆ドルまで、12倍に増加した。2022年9月末で、世界の時価総額1位のアップルは2・2兆ドル（約286兆円）。時価総額上位5社のうち4社は米国企業（アップル、マイクロソフト、アルファベット、アマゾン）でその時価総額の合計は6・4兆ドル（約832兆円）にも達する。

これらの企業の時価総額の合計は、2019年に政府税収額で世界第1位となった米国5・3兆ドル（約689兆円）を上回る。第2位の日本にいたっては1・6兆ドル（約208兆円）と、アップルの時価総額にすら届かない。世界の中堅以下の国家にとっては、グローバル大企業は国の税収を上回る巨大な存在なのだ。

グローバル大企業は、帰属する構成員（つまり従業員）に、給与・賞与面での経済的な満足を提供するだけではなく、様々な福利厚生や精神的充足を提供する。従業員だけでなく、取引先に対しても同様だ。

加えて各社は、自社が必要とする電力を独自に調達するべく、エネルギーの内製化を積極的に推進している。2017年時点でグーグルは、同社が世界全体で消費する年間電力の100％を再生可能エネルギーの購入を通じてまかなった。グーグル以外のGAFA各社も現在、発電事業者と長期契約「コーポレートPPA（パワー・パーチェス・アグリーメント＝電力購入契約）」を締結し、再生可能エネルギーを直接調達する。

物質的、精神的な安定を提供するグローバル企業は、中世に発達した荘園制度の21世紀版とも表現できる。グローバル経済を背景にした富の偏在が生み出す、奇妙なマクロ的現象とも言える。

2　自己成長機会を提供するスタートアップ

過去10年で急成長した日本のベンチャー企業

21世紀に入り、存在感が圧倒的に増しているのはアフォーダビリティを持って、ESGへの取り組みを推進するグローバル大企業だけではない。規模ではある意味対極にあるスタートアップも数が大幅に増加したことで、仮想集合体として新たな荘園を形成する。新たな事業を立ち上げるベンチャー自体はいつの時代も存在しているが、長年にわたり高成長を継続するスタートアップ企業の多くは米国発である。なかでもベンチャーキャピタルが誕生した1970年代以降は、西海岸のシリコンバレーの企業が圧倒的多数を占めるようになった。

2010年代に入ると、世界的な起業の波は日本にも到達し、スタートアップ企業数が急増している。スタートアップ情報プラットフォーム「INITIAL（イニシャル）」によると、資金調達を行った企業の数は2012年の1170社から2018年には2713社まで増加した。その後、コロナ禍の影響を受けて数が減少したものの、2021年は1919社と9年前の1・6倍の水準となった。また、同年に日本のスタートアップがべンチャーキャピタルから調達した資金は90億ドルで対前年比50％増と大きく伸長した。

ベンチャーキャピタルのコーラル・キャピタルのレポート「日本の『隠れユニコーン』41社を調べてみた」では、その独自の展開に触れている。※2 日本ではベンチャーキャピタルの資金供給能力が小さいため、代替手段としてＩＰＯによる資金調達が発達した。つまり、米国のベンチャーキャピタルの役割を日本では東京証券取引所が果たしてきたというのだ。とりわけ、米国のスタートアップ企業が成長過程で資金調達を行う「シリーズＢ」と呼ばれる機能がそれにあたる。

コーラルキャピタルによると、２０１１年から２０２１年の間に日本で上場し、かつ設立から12年以内で時価総額10億ドル超の企業は41社ある。これらが「隠れユニコーン」だ。日本の「隠れユニコーン」は、創業からＩＰＯまでに平均６・８年を要し、上場時に公募などで資金調達する。これは、先述の米国における「シリーズＢ」の時間軸と同じと考えてよいだろう。

また、日本の「隠れユニコーン」は平均して、創業から約８年（ＩＰＯ後１・２年）で時価総額10億ドルに達する。これも、世界のスタートアップ企業がユニコーンになるのと同様の時間軸だ。

つまり、日本でも、スタートアップの事業規模が拡大傾向にある。

しかし、資金調達環境がいくら改善したとしても、従業員を集められなければ事業が大きくならない。読者の中にはスタートアップ企業と聞いて、経費削減のために古い雑居ビルの一角で、PCを並べて朝から夜遅くまで働く若者集団をイメージする方も多いかもしれない。実際には、多くのスタートアップ企業が、資金調達環境の改善により、設立後の早い段階で大企業に勝るとも劣らない物質的な待遇を従業員たちに提供している。

例えば、2020年にオープンしたCIC Tokyoは、起業家向けにコワーキングスペースや会議室を提供する。キッチンでは飲料や豊富なスナックが自由に手に取れる。シャワー室や授乳室も備えている。このスペースは、東京・港区の虎ノ門ヒルズという中心地にあり、利用する起業家は利便性の高いオフィスで事業開始早々から働くことができる。

CIC Tokyoの母体は、1999年に米国マサチューセッツ州で誕生したイノベーションセンターのCICである。CICは、世界9都市で投資家や政府・自治体関係者、ベンチャーを支援するプロフェッショナルとスタートアップをつなげる様々なイベントを展開し、各拠点間の連携も行う。CIC Tokyoの入居者は、事業拡大に必要な人的ネットワークをグローバルで獲得する機会を得られる。

スタートアップ企業は、従業員の収入面でも遜《そん》色がないレベルに達している。日本経済新聞社の「NEXTユニコーン調査」(2021年)によると、企業価値が1000億円を超える有力スタートアップの平均年収は630万円である。東京商工リサーチの2020

年の上場企業の平均年収は603万円であり、既に有力スタートアップの水準に劣後している。

企業価値不問のベンチャー企業の平均年収調査では500万円台が多いが、1割は1000万円を超えている。上場企業の従業員の平均年齢が41歳であるのに対し、ベンチャー企業では30代が多く、一部企業では20代の場合もある。20代、30代の人にとっては、スタートアップ企業の方が上場企業より高い給与を得られる可能性が十分にあるのだ。

大企業が伝統的に充実させてきた住宅手当等をはじめとする福利厚生は、依然として多くのスタートアップ企業で改善余地があると言われる。ただし、スタートアップ企業では企業文化《コーポレートカルチャー》や自社サービスの浸透、従業員の成長やコミュニケーション等を目的とする、ユニークな福利厚生プログラムの導入が増えている。

勤務環境においても、コロナ禍以前からフレックスタイムやリモート勤務など伝統的な企業にない選択肢が提供されていることが多い。そもそも新型コロナウイルスの国内感染が始まった2020年1~2月を境に、多くのスタートアップ企業は率先して次々に原則リモート勤務に移行し始めた。例えば、筆者の首藤が当時勤務していた、スマートフォンアプリ開発などを手掛けるのガラパゴス社は2020年2月に原則リモート体制を敷き、官公庁や金融機関向けの押印が必要な管理部門のスタッフ以外は全面リモート勤務に即時移行した。

懐事情が決して楽ではないにもかかわらず、金銭的な支援を積極的に提供するスタートアップもコロナウイルスの感染拡大直後から増加した。自宅でのリモート勤務を円滑に行うには、インターネット接続速度が不十分だったり、冬季や夏季には冷暖房が必要で自宅における光熱費の負担が増加した社員が続出したことからである。

自宅からのリモート勤務体制構築や維持費用としてのリモートワーク手当に加えて、リモート勤務環境での社員間交流を支援するオンライン部活手当、リモート歓送迎会手当等の制度まで、各社は様々な工夫で従業員の働きやすさをサポートする取り組みに力を入れていた。

こうして日本のスタートアップは、コロナ禍すら追い風として、人・金を集め始めているのである。

投資家からの資金調達にはESGが前提

ただし、必ずしもすべてのスタートアップが容易に資金を調達できるわけではない。資金の主な供給元であるベンチャーキャピタルも、ESGによる投資先峻別を加速する。

日本アジア投資は、2024年3月期までの中期経営計画で、「SDGs投資会社であることをコアバリューとして、経営理念に基づきSDGsを強く意識した投資活動を徹底する」と掲げる。ジャフコグループも投資先企業候補の発掘時に、ESGおよびSDGs観点でのスクリーニングを実施しているという。

ESGを意識するのは、コーポレートガバナンス・コード対応を必要とする日本アジア投資やジャフコグループのような上場ベンチャーキャピタルだけでない。独立系の大手ベンチャーキャピタルのグローバル・ブレインは、2021年9月に組成したGB8号ファンドの投資先からSDGsポリシーの運用を開始することを発表している。

ベンチャーキャピタルがESGを重視する背景には、ベンチャーキャピタルの出資元である主に海外の機関投資家や一部事業会社がESG対応を求めているためにほかならない。

2020年の世界のESG投資額は35兆3010億ドル（約4600兆円）と2016年の22兆8390億ドル（約2970兆円）から55％増加した。全運用資産に占める比率は、2・5ポイント上昇して35・9％となった。2008年の金融危機から現在に至るまでの世界的なカネ余りにより、機関投資家によるスタートアップ投資への関心も高まった。

2021年5月には、ゴールドマン・サックス証券で日本副会長やチーフ日本株ストラテジストを務めたキャシー松井らがESGをテーマとするベンチャーキャピタル「MPower Partners（Mパワーパートナーズ）」を立ち上げた。日本のベンチャーキャピタルが最初に立ち上げた1号ファンドで160億円規模を調達しているというのは、キャピタリストへの高い信頼もあるが、ESG投資への関心の高まりを受けてのことだろう。

もはやベンチャーキャピタルが機関投資家を呼び込むために、環境への配慮は不可欠となっている。ある女性ベンチャーキャピタリストは「もうダイヤモンドや毛皮は買えないし、表立って持てない」と筆者に冗談めかしたこともある。確かに、ダイヤモンドはまだしも毛皮を堂々と着飾るベンチャーキャピタリストに、ESGシンパの機関投資家が投資を躊躇してもおかしくはない。

ベンチャーキャピタルがESG推進傾向となるにつれて、スタートアップにも影響が及ぶ。先述した日本経済新聞社による2021年の「NEXTユニコーン調査」では、調査対象184社中、4割超がESG対応に取り組んでいると回答した。ここで注目されるのは、大企業と比較して経営資源が限定的なスタートアップほど、ビジネスモデルや会社の状況に合わせて取り組み内容を工夫しているところである。

例えば、世界18カ国30都市に拠点を構えて事業を展開する、システム開発のモンスターラボホールディングスは、人種や宗教、性別を問わない多様性あるチームづくりをするため、各エリアの従業員満足度や女性比率を管理して、働き方の制度設計などに生かしているという。日本のオフィスでは、イスラム教徒の従業員向けに礼拝できるスペースを設けている。

さらに「NEXTユニコーン調査」によると、4割超の企業が、投資家にESGの施策を問われた経験があるという。現在、ベンチャーキャピタルなどの投資家向けの資金調達ピッチ資料には、自社がどうESGに貢献・対応しているかが含まれることが多いそうだ。筆者の首藤がスタートアップに在籍していた数年前と比べても隔世の感がある。

スタートアップ企業にとってのESG推進活動によるメリットは、機関投資家からの資金調達にとどまらない。もともとベンチャーやスタートアップは、既存ビジネスでは対応できない社会問題の解決を目指して設立されることが多い。この10年で急速に広がり始めているサステナビリティに対応する商品・サービスは多くの業界で限られており、ESGの浸透はベンチャー、スタートアップにとっての事業機会とも言える。

大企業がサプライヤー等のパートナー選定の基準としてESG対応を重視し始めるなか、スタートアップは大企業との取引や連携を獲得するチャンスをつかもうとしている。

自己成長の場が高学歴人材を惹きつける

日本においてもスタートアップ企業は、高学歴の学生を含む若者にとって、就職先として当たり前の選択肢の1つになっている。

いまや東大生の2人に1人が、スタートアップ企業への勤務を視野に入れているとも言われる。現在の就職活動では、インターネットを通じて会社の事業内容を調査し、Twitterなどのソーシャルメディアを通じて起業家の考え方を理解することは容易である。

ただし、自発的な就職活動は高度な情報収集力や判断力を必要とするため、高学歴の学生の中でも自分の能力に自信を持つ人ほどベンチャー企業に関心を持つ傾向が見られる。

スタートアップ企業への就職のみならず、起業家にも高学歴の人材が増加している。経済産業省の「令和3年度大学発ベンチャー実態等調査」によると、現在、学生起業家を最も輩出している大学は東京大学である。

東京大学は2004年に産学協創推進本部を設立し、起業家を輩出するための教育プログラムやインキュベーション施設、ベンチャーキャピタルなどからなるエコシステム（生態系）を整えてきた。さらには、東京大学の出身で起業経験を有する人物だけが所属できる会員組織「東大創業者の会」もあり、先駆者の知恵や経験を共有し、相互に励まし合える仕組みを作っている。その結果、東京・文京区本郷には「シリコンバレー」ならぬ「ホンゴウバレー」が形成され、拡大を続けている。

学生だけでなく、社会人の間でもスタートアップ企業で働くことへの関心は高まる一方だ。2019年3月にスタートアップコミュニティCreww（クルー）が行った従業員1000人以上の企業勤務者への調査では、スタートアップ企業への転職に関心がある割合は24・5％に達した。スタートアップ企業との取引経験がある人に限ると、実に45・5％がスタートアップ企業への転職に関心を持っている。

スタートアップ企業への関心が、若者、とりわけ高学歴層の間で高まっている理由は何か。第2章で触れた通り、彼・彼女らが大切にするのは、日々の仕事の中で成長が感じられているかどうかの「成長実感」だからである。

社会実装推進センター（JISSUI）と野村総合研究所（NRI）が2020年7月に大企業からベンチャー企業への転職者に行った調査では、転職者の9割が仕事の自由度や裁量、楽しさが改善したと回答している。

人材不足の悩みを抱えるスタートアップは、1人ひとりの業務担当範囲が広く、かつ職務規定も固定でなく柔軟である。結果として、自分自身がやりたい仕事を作れる、もしくは選べることが多い。大企業では承認のために多くの時間を費やすが、スタートアップ企業では会社都合、上司都合に忖度する必要がなく、スピード感を持って業務自体に集中できるメリットも大きいとされる。

やりたい仕事に集中し、スピード感を持って動ける環境ほど、成長実感を得やすいというのは容易に想像できる。加えて、仕事の自由度が上昇することで、ワークライフバランスが改善し、家族や友人との時間が取りやすくなるという意見も少なくない。

ESG対応の巧者は人材獲得に有利

若者は社会的欲求への志向が中高年世代と比べて強い。1980年代末以降の平成生まれは、物心がついた頃には、日本の成長神話が崩壊していたものの、GDP世界第2位の国で安定した生活環境を享受してきた人が多い。同世代の大学進学率は50%を超え、衣食住が足り、生計を立てるために給与ができるだけ高い仕事を選ぶ必要性が少ない。就職面接においても、自分が働くことで社会的にどんな貢献ができるかを語る人が大半である。地球のため社会のために良いことをしたいとまじめに考える世代でもある。

実際のところ、企業のESG・SDGsへの取り組み姿勢が、若者たちの就職先の選択の判断基準となり、その優先度が高まっている。2022年春に大学を卒業した学生の5割以上が、就職活動においてSDGsへの取り組みを考慮している。

相対的に知名度が低いスタートアップ企業ほど、ESG推進の取り組みを通じて、自分たちの活動を応援・賞賛してくれる人々を増やし、自社への共感を広げることで人材獲得力の強化に努めるようなPR施策を採ることが少なくない。先述したベンチャーキャピタルのグローバル・ブレインやMパワーパートナーズはいずれも、スタートアップ企業がESGに取り組む意義の1つとして人材獲得や定着を明確に謳っている。

何が若者をそこまで駆り立てるのだろうか。1つの理由として、コロナ禍を経験してから、人々の心の中に社会的意義の重要性が一層高まったと考えられる。

Job総研による「2021年転職意識調査」では、コロナ禍で3割強の人が転職に関する意識が変化し、社会的貢献をより重視するようになったという。スタートアップ企業の社会的問題を解決しようとする姿勢は、これまで以上にＥＳＧへの意識が高い人々を惹きつける可能性がある。

第2章で紹介したような「ＥＳＧ思考」も若者の間では当たり前となりつつある。

ＵＢＳ証券が２０２０年より毎年実施している調査の最新版「Japan ESG Consumer PulseCheck 2022」によると、Ｚ世代を中心とした若年層の間で、ＥＳＧ・ＳＤＧｓの重要性や、環境対応・社会的責任に対する付加価値意識が一層高まっているという。同調査によると、エコフレンドリーな商品・サービスにどの程度プレミアムを払うかのプレミアム価格についても、全体が２０２１年比で微減したにもかかわらず、18～24歳では7ポイント強ほど増加している。

今後、現在の若年層のＳＤＧｓに対する意識・関心が低くなることは考えにくい。昨今では、早ければ幼稚園・保育園から、小学校からは多くの学校でＳＤＧｓに関する教育が積極的に行われている。

例えば、日本政府のＳＤＧｓ推進円卓会議で第1回ジャパンＳＤＧｓアワード特別賞が授与された江戸川区立八名川小学校では、「持続可能な開発のための教育（Education for Sustainable Development、略称ＥＳＤ）」であるＥＳＤカレンダーを中心としたカリキュラム・マネジメントや、「ＳＤＧｓ実践計画表」の作成、「八名川まつり」への参加を通じて自分たちのＳＤＧｓに関する取り組みを振り返り、学んだことや感じたことをプレゼンテーションしているという。多くの中学校・高校でも探究学習の一環としてSDGsを組み込むことがもはや一般的になっている。

国連のSDGsの目標4（教育）のターゲット4・7で掲げる「持続可能な開発のための教育」は日本が提唱したものであり、政府はSDGsの達成年度となる2030年に向けて、国際的な枠組みとなる「ESD for 2030」をドイツ、ケニアとともに推進している。

ESDの主導機関であるユネスコの理念をもとに平和や国際的な連携を実践するユネスコスクールが日本のESDの推進拠点であるが、日本は多数のユネスコスクールを有する。日本が国を挙げてSDGs教育を普及している現在、子どもたちの意識として、環境や社会に貢献するのは当たり前という感覚が植え付けられている。SDGsチルドレンたちが、ESG思考に親しみ、それが当たり前であるという認識を育んでいくことは当然の流れだ。

エンジェル投資家が「布教」する

2010年代に急成長した日本のスタートアップ業界では、先述の通り、東証がシリーズB資金調達の機能を果たしてきた。その結果、時価総額数十億円の水準で上場する企業も少なくはない。

上場時の創業者の年齢は30~40代であり、上場後も自分が生み出した企業の経営を続けることが多い。ただし上場前に持ち株比率の過半数を維持することが多い日本の起業家は、上場時に持ち株の一部を売却することで少なくとも数億円単位の現金を手に入れる。

自らが資金調達や事業成長の苦労を経験してきた起業家は、この現金で後輩起業家を支援、育成しようとエンジェル投資家になる。昨今のスタートアップ数の急な増加に伴う、シードやプレ・シリーズAなど数百万~数千万円での資金調達ニーズの増加も、成功した起業家によるエンジェル投資の拡大につながっている。メルカリの取締役プレジデント(会長)の小泉文明、heyの佐藤裕介、コロプラ創業者で元取締役副社長の千葉功太郎など枚挙にいとまがない。

資金調達を行うスタートアップにしても、先輩経営者のエンジェル投資家による出資のメリットは大きい。彼らのビジネス上の強いネットワークを享受できる以上に、メンターとして経営上の問題解決に関するアドバイスを受けられる。日本のベンチャーキャピタルには、米国と異なり、起業経験者が限られており、現役のスタートアップ経営者にとって「起業の先輩」は貴重なサポーターである。

エンジェル投資家であるスタートアップ経営者は、ESG対応の重要性を次世代の経営者に強く説く傾向にある。現在も経営の第一線に立ち、対機関投資家、対採用市場でESG推進の必要性を身に染みて理解しているからである。

例えば、メルカリの小泉は、2018年時点でグローバルな資本市場対応の観点でESGへの取り組みを社長直下で始めたと述べている。[※3] ブログ「mercan」では、自社のサステナビリティに対する考え方やESG委員会の活動を積極的かつタイムリーに発信していることも見逃せない。

また、ラクスルCEOの松本恭攝はMパワーパートナーズのキャシー松井との対談で、ESG経営のメリットを述べたうえで、スタートアップの取り組み方についてアドバイスしている。[※4]

「Sのダイバーシティの部分は最初に手を付けないと、後から変えていくことが難しい。Gはアーリーステージではやりすぎない方が良いと思います。Gはバランスと継続性であり、スタートアップの強さはバランスを崩すことにあります。（中略）Eについても、むしろPMF（プロダクト・マーケット・フィット）やグロース（成長）を作っていくことが先であり、その後に収益や時価総額でない指標を持つべきです」

要するに「S」すなわち、多様性のある人材獲得や維持がESGの中でも最重要であり、スタートアップの初期から取り組むようにと主張しているのだ。

ESGを重視するベンチャーキャピタルに、起業家のエンジェル投資家が加わり、スタートアップ業界全体もまた、グローバル大企業に似た荘園的な加護を働く人に提供しつつある。

海外進出を設立当初から視野に入れているスタートアップも数は限られているものの、増加傾向にある。「隠れユニコーン」を筆頭に、既に十分に企業規模の大きい企業では、日本の大企業だと年齢や経験を重ねないと参加させてもらえなかったような大型プロジェクトをすぐに仕掛けることができる。日本の伝統的な大企業と比べても遜色のない給与や福利厚生に加え、成長実感を得られ、ESGへの貢献もできる。

ESGに共感する若者、高学歴で成長欲求の強い人材が集まるスタートアップ業界は、一度入ると出る理由が明確には見当たらない。21世紀の荘園であるグローバル大企業やスタートアップは、ESGシンパにとっては、もう戻る必要のない楽園なのである。

3　地盤沈下した日本の大企業

人手余剰から人手不足への大転換

第1章でも述べたように、各国はインフレへの対応を迫られている。インフレ退治には金利の引き上げが有効だ。しかし、急激な金利引き上げは、実物経済を壊滅させるリスクがある。各国の中央銀行は難しい舵取りを迫られている。

金利の引き上げというリスク要因をはらみつつ、世界の実物経済はコロナ禍から少しずつ回復を見せている。レストランなどサービス業の客足も戻ってきた。

コロナ禍で、サービス業に従事していた人たちは雇い止めや退職を余儀なくされた。既に他の産業で新しい職に就いた人もいる。スキルセットを変える訓練中の人もいる。

客足が戻ったからといって、解雇された人たちが皆、元のサービス業で働くというわけでもない。頼みの外国人労働者も、まだ容易に日本に入国できる状態ではない。サービス産業は、人員という制約条件に縛られ、少し経済が回復しただけで、たちまち人手不足というボトルネックが発生している。

厚生労働省の「人手不足の現状把握について」によると、運送業・郵便業、医療・福祉、宿泊業・飲食サービス業、建設業、その他サービス業、の5業種がいわゆる「人手不足産業」と呼ばれており、人手不足感が高くなっている。

日本商工会議所は2022年7～8月、人手不足の状況を把握するため、中小企業2880社を調査した（対象6007社）。コロナ感染者数がまだ落ち着いていない時期での調査にもかかわらず、人手が不足していると回答した企業は全体の64・9%となった。

これは、コロナ前の2019年調査結果（66・4%）に比肩するレベルに既に達している。今後、実物経済が本格的に回復すれば、人手不足の問題はさらに大きくなる。ちなみに、コロナ禍直後の2020年の調査では、同比率は36・4%にまで低下していた。

これからの日本では、人手不足は一層深刻化する。

なかでも、優秀な人材の獲得競争は熾烈を極め、繰り返しになるが、欲しい人材ほど、就職先候補の企業に対してESG対応の巧拙を注視する。日本の伝統的大企業にとって、人手不足を補うためにも、「よい人材」を惹きつける対策こそが大きな経営課題となっている。

実は、日本は歴史的に人手余剰国だった。

1980年代に世界的な評価を得た日本映画の1つに今村昌平監督作品の『楢山節考』が挙げられるが、作家・深沢七郎がその原作で主題にしたのは、過剰人口を減らすための姥捨《うばす》てという日本の風習だった。豊臣秀吉が発布したバテレン追放令は、余剰な日本人を奴隷として輸出していた外国人宣教師への怒りが背景にある。[※5] 明治期においても、ブラジル移民など日本の人口余剰状態は続いた。

今後は、従来の歴史とは大きく異なり、日本は本格的な人手不足の時代に入る。人手不足の深刻化は、社会に大きな変容をもたらす。

歴史的によく知られるのは、中世のペストだ。村上陽一郎著『ペスト大流行 ヨーロッパ中世の崩壊』によると、ペストは当時の欧州人口の30～60％を減少させた。人口減少で農奴が不足し、地主は困惑した。農奴確保のために農奴の権利向上が求められ、これが最終的には農奴解放につながった。農奴解放は、自然権など啓蒙思想（ホッブズ、ロック、ルソーなど）の契機となり、啓蒙思想は市民革命を精神的に支えた。

啓蒙思想による社会変革は、今のコンテクストで言えば、さながらＥＳＧのＳの強化だ。

コンビニオーナーの反旗

２０１９年2月、東大阪でコンビニエンスストアを運営するひとりのフランチャイズ（ＦＣ）オーナーが、24時間営業をやめることを宣言した。コンビニの本社はそれを契約違反だとして認めなかった。

本社とＦＣオーナーの対立が先鋭化し、メディアはこれに飛びついた。ＦＣオーナーはコンビニの24時間営業に対応するため、生活が破壊されたと主張した。アルバイトも集まらず経済的にも困窮しているとも主張した。本社とFCオーナーとで取り交わした事前の契約に照らせば、本社の言い分が正しいかもしれない。

しかし、メディアや世論の反応は逆だった。法的な正しさ、契約上の正しさ、だけでは物事が解決しない時代に突入したのである。本社とFCオーナーの対立はメディアやSNSで拡散する。

人手不足になればなるほど、個々人は、対企業や対国家のパワーゲームにおいて強いカードを持つ。個人の情報発信力の向上も、パワーゲームにおける新しいカードだ。

ひと昔前であれば、個人の声など、巨大企業の力によって潰されただろう。大手メディアで取り上げられることもなく、個人の声は無視され続けただろう。しかし、現代では個人も声を上げられる。第三者に訴えかけることもできる。それに共感した第三者が、その意見を拡散する。それが大きなうねりとなる。

ワシントン&ジェファーソン大学英語学科特別研究員のジョナサン・ゴッドシャルは、著書『ストーリーが世界を滅ぼす――物語があなたの脳を操作する』で、「私たちはストーリーテリングのビッグバンを生きている。(中略)参入の技術的障壁が一気になくなったおかげで、コミュニケーションの一大帝国を築きたいと望む者は誰でも競争に参加できる」と述べている。

企業は、法的正当性を叫べば叫ぶほど、隘路《あいろ》に迷い込む。SNSなど現代のメディアでは、法的正当性よりも、感性に訴えかける情報が勝るところがある。企業側は、シェークスピア作『ベニスの商人』のシャイロックの役回りに陥り、「無慈悲者」のレッテル貼りをされて炎上する。

日本に迫る人手不足は、雇用する側とされる側の力関係を変える。ESGはその変化に拍車をかける。

ESGに反した経営をする「反ESG企業」に優能な人は集まりにくい。どの企業も欲しがる人材が就職先をふるいにかけ、「足による投票」を行う。足による投票とは、米経済学者ティブーが提唱した人々が自らの好みや行動を示すことを指す概念である。「いい人」に選ばれるかどうか。その際の大きな判断基準の1つがESGだ。企業の生死を決定するのは、従来は金融市場だった。今後は労働市場も大きな役割を占める。

福利厚生でも差をつけるグローバル大企業

先述したように、ESG対応を着実に進めているのはグローバル大企業と一部のスタートアップ企業だ。日本の伝統的大企業はESG対応に苦慮している。

ESGはCO_2問題だけではない。ジェンダー、児童労働など総合的に見た社会の課題解決へ取り組む姿勢が含まれる。

有能な人材は、働きやすい、働きがいがある、快適でここちよい（Comfortable）企業や組織を求めている。それは企業としてESGに真剣に取り組み、そこに所属していることを誇れる状態でもある。そして、自分がそこにいて「成長実感」できるという企業だ。

本書で繰り返してきた通り、ESGに取り組む企業群ほど、質の高い労働力を世界中から集められる。選ばれた人材が競争力のある創造的な商品・サービスを生み出す。それが利益につながり、それがさらなるESGの深化につながる。

現代の荘園たるグローバル大企業や一部のスタートアップ企業は、個々人にとって国や地方自治体よりも頼りがいのある存在になっていることは先述したが、日本の大手企業も手をこまぬいているわけではない。もともと日本的経営にはある種の福利厚生の充実が含まれていた。荘園的要素は元来の日本企業にはあった。グローバル大企業の先進的な取り組みを後追いする形で、一部の企業では、社員に対する安心の提供を始めている。

その対象は、コロナ感染症という一時的な疾病だけではない。今後は誰にでも身近になると言われている「がん」への対応も始まった。

例えば、『週刊ダイヤモンド』の2022年1月15日号では「部長と課長のがん対策」という特集が組まれている。それによると、伊藤忠商事では、2017年「がんに負けるな」というタイトルのメッセージが、当時の岡藤正広社長から全社員に届いた。国立がん研究センターと提携し、がんの予防・治療、仕事との両立、家族のサポートなど、がんに関する一切のサポートを会社側が行うという。

菓子大手のカルビーでも、がん患者の本格的サポートに着手し、同社の幹部は、「がん対策はがん患者を含め多様な人たちにそれぞれの持ち味を生かしながら全員活躍してもらうための経営戦略であり競争戦略だ」と話す。同社では、直属の上司、事業所の人事担当、産業医・保健師の三者が連携して、治療と就労の両立支援体制を組み立てる。

とはいえ、日本企業のこれらの取り組みは現時点では限定的だ。

一方で多数のグローバル大企業やスタートアップ企業は、物質的かつ精神的安定を求める個々の社員（あるいは非正規社員、親密な取引先社員も含む）との間に、日本企業の対応を上回る格好で互恵的関係を築いている。学費が高騰し、学生ローンの負担が深刻化している米国では、アマゾン、ウォルマート、ターゲットなどが、大学に通うパート従業員に対し、学費負担をする動きも広がっている。これらの企業では学費負担によって、今後4～5年間でそれぞれ1000億円規模での負担をすることとなる。それでも優秀な人材を確保するために、これら企業は、この戦略にあえて舵を切った。

こうして、21世紀のグローバルな荘園は大きな存在となって、個人を魅了するのである。

中小企業はサンゴ礁を必要とする海洋生物

ESGに対応しながら質の高い人材を吸収して成長していくグローバル大企業やスタートアップ企業に対し、日本の伝統的大企業の旗色はどうしても悪い。既に、平成の30年間で日本の大企業の活力は国際的に見て大幅に低下した。日本のマクロ経済の良化には、十分な収益力と資金力を擁する大企業の復活が不可欠である。スタートアップ企業や中小企業が頑張っただけでは、日本経済は浮揚しない。

これは、サンゴ礁と海洋生物の関係に似ている。

世界最大のサンゴ礁、グレートバリアリーフは好例となる。この巨大サンゴ礁は、ウルル（エアーズロック）と並ぶオーストラリアを代表する世界遺産であり、世界で最も多種多様な海洋生物が暮らしている。単なる遠浅の海には魚や動く生物は多く生息しない。身体が小さな生き物ほど、サンゴ礁の存在があってはじめて、自己の住処を確保できる。

巨大なサンゴ礁的な企業グループ（荘園というメタファー）が存在する地域では、地域全体の経済が潤う。愛知県におけるトヨタ自動車の存在はその最たるものだろう。

サンゴ礁的企業が存在する地域の中小企業や個人事業主は、サンゴ礁的企業との取引で潤う。様々なサービス業も、サンゴ礁的企業やその周辺企業で働く従業員の消費で潤う。

ここ数年、わが国では、中小企業の生産性改善にばかり焦点が当たっている。これ自体は

図表3―2　世界の時価総額ランキング比較

1989年

順位	企業名	時価総額（億ドル）	国・地域名
1	NTT	1,638.6	日本
2	日本興業銀行	715.9	日本
3	住友銀行	695.9	日本
4	富士銀行	670.8	日本
5	第一勧業銀行	660.9	日本
6	IBM	646.5	米国
7	三菱銀行	592.7	日本
8	エクソン	549.2	米国
9	東京電力	544.6	日本
10	ロイヤル・ダッチ・シェル	543.6	英国
11	トヨタ自動車	541.7	日本
12	GE	493.6	米国
13	三和銀行	492.9	日本
14	野村證券	444.4	日本
15	新日本製鐵	414.8	日本
16	AT&T	381.2	米国
17	日立製作所	358.2	日本
18	松下電器	357.0	日本
19	フィリップ・モリス	321.4	米国
20	東芝	309.1	日本

2020年　（2020年11月27日時点）

順位	企業名	時価総額（億ドル）	国・地域名
1	アップル	19,822.4	米国
2	マイクロソフト	16,272.5	米国
3	アマゾン・ドット・コム	16,032.7	米国
4	アルファベット（グーグル）	12,108.2	米国
5	フェイスブック	7,912.8	米国
6	アリババ・グループ・ホールディングス	7,529.0	中国
7	テンセント・ホールディングス	7,209.0	中国
8	テスラ	5,552.4	米国
9	バークシャー・ハサウェイ	5,429.7	米国
10	ビザ	4,502.7	米国
11	TSMC	4,449.0	台湾
12	ウォルマート	4,296.0	米国
13	サムスン電子	4,150.9	韓国
14	ジョンソン・エンド・ジョンソン	3,790.9	米国
15	JPモルガン・チェース	3,695.0	米国
16	P&G	3,437.0	米国
17	マスターカード	3,380.3	米国
18	貴州茅台酒	3,316.6	中国
19	エヌビディア	3,283.5	米国
20	ネスレ	3,257.4	スイス
：	：	：	：
40	トヨタ自動車	2,474.4	日本
84	ソフトバンクグループ	1,456.5	日本

出所：米「Businessweek」1999年7月17日号などからフロンティア・マネジメント作成

決して間違っていない。第2章で指摘したように、大企業と中小企業の利益率格差は今世紀に入って拡大しているのだし、そこは追求されるべきだ。

しかしながら、置き去りにされている重要な論点を忘れてはいけない。それは、日本経済を引っ張るべき大企業の窮状である。図表3―2を見てみよう。これは、1989年、2020年という2時点における世界の時価総額ランキングだ。

1989年時点では、上位20社の実に14社が日本企業だった。銀行や証券といった大手金融機関が7社もランクインしていた。東日本大震災で痛手を負った東京電力、ガバナンスの混乱で苦境に立つ東芝も、当時は堂々の世界ランク入りだった。

その後30年を経て、世界の通信業界にお

けるＮＴＴの地位は変わった。大手金融機関も不良債権処理の過程で大幅な再編を迫られた。その結果が、２０２０年のランキングだ。

２０２０年、時価総額の上位20社に日本企業は入っていない。最高順位がトヨタ自動車の40位だ。

失われた30年で、日本経済のグレートバリアリーフはほぼ消失してしまった。表中の30年間の変化を見ると、トヨタの時価総額は１９８９年の５４１億ドルから２０２０年には２４７４億ドルへと約４・５倍に増加した。しかし、この増加ペースでは、加速が著しい世界の時価総額拡大競争から置いていかれる。

平成の30年間で日本経済が失速した要因の1つは、大企業の成長力が極端に喪失されたこと、そして、大企業の地位低迷によって、身を守るサンゴ礁を失くした中小企業（日本の法人数の99％を占める）の経済活動が停滞したことではないだろうか。

グレートバリアリーフも、気候変動、漁業、公害、オニヒトデの増殖などで、ダメージを受けてきた。しかし、そのたびに専門家の英知で回復を見せている。日本の大企業も専門家の意見を聞きつつ、回復を目指すべきだ。

ただし、ここで言う専門家とは、士業（弁護士、会計士、税理士など）や経営コンサルタントら伝統的な専門家だけを指すのではない。人権、環境などＥＳＧに関する新しいパワーエリートも含めて考えるべきである。

図表3―2でもう1つ注目すべきは、ウォルマート、ジョンソン・エンド・ジョンソン、P&G、ネスレといった伝統的消費財を扱う「オールドエコノミー」企業の躍進だ。

これら企業群の社長は、創業オーナーではない。全員がサラリーマン社長である。

日本では、「大企業のサラリーマン社長に大胆な変革はできない。オーナー社長が必要だ」とよく言われてきた。しかし、世界の潮流を見る限り、これは都市伝説と切り捨ててしまってよいだろう。

世界のオールドエコノミー企業はサラリーマン社長が変革を行い、時価総額を大きく引き上げているのだ。日本のオールドエコノミー企業が変革できないのは、サラリーマン社長だからではない。経営者自身の資質や能力の問題なのである。

オーナー企業は決して強くない。ほとんどは創業20年以内に消滅している。

慶応大学ビジネススクール公開講義で、メディカル・データ・ビジョンの岩崎博之代表は、「ベンチャー企業の生存率を示すデータがあります。創業から5年後は15・0%、10年後は6・3%。20年後はなんと0・3%です」と述べている。

実は、偶然に生き残った、極めて少ない数のオーナー企業が元気なだけなのである。

我々は廃業や被買収によって消滅した企業のデータを持ち合わせていない。ゆえに、オーナー企業の本当の母集団を対象とした分析は永久に困難となる。

偶然生き残った、現存のオーナー企業のデータだけを分析して導き出す議論は、「生存者バイアス」に毒されている。日本のビジネス誌では、老舗の菓子店など、100年以上の社歴を持つ企業の事例がよく紹介され、それが大変よきことのように評価される印象もある。同じ経営哲学や経営戦略を行い、消えていった企業は数多あるのだ。

オーナー企業やファミリー企業の長期的な成功確率は高くない。グローバル大企業はサラリーマン社長が牽引して成長しているという事実から目を背け、都市伝説に過ぎないオーナー企業論に逃げ込んではならない。

ESG対応で一番負けるのは日本の大企業

改めて言うならば、平成の30年で〝負けた〟のは、紛れもなく日本の大企業である。時価総額で、日欧中の大企業に大きく水をあけられた。ビジネスモデルの転換、不採算事業の構造改革、デジタルを含めた新たなテクノロジーへの対応、など、本来取り組むべき戦略が置き去りにされた。「選択と集中」と呼ばれる過度なダイエットで、体力も成長力も減退した。

企業の時価総額とは、各社の現時点での収益と将来への期待というパラメータで決定される関数だ。ESGのGの要素が十分に高められず、第2章で紹介した通り、日本企業の収益性（例えばROEなど）は、日欧どころか中国をも下回る水準となっている。

ＥＳＧのＥへの対応は、政府が２０３０年のCO_2削減目標を大きく掲げたこともあり、各社が急ピッチで進めている。しかし、そもそもＥへの対応において、製造業は非製造業に比べて難易度が高い。Ｅの強化は、非製造業にとっては、初期条件として大きなアドバンテージがある。伝統的大企業に製造業が多く名を連ねている日本は、ＥＳＧのＥ対応という視点では、他の先進国と比してディスアドバンテージがありすぎる。

さらに難題となるのが、ＥＳＧのＳ対応である。これは、日本の大企業にとっても最も大きな課題であり続ける。特に、ジェンダー平等や国籍の多様性への対応は、大きな摩擦を生む。伝統的に日本の大企業（特に製造業）は、均質で質の高い労働力を大量に投入することで成長してきた。投入された労働力の多く、つまり日本人の男性は、依然として伝統的な大企業とその取引先に存在している。

彼らの中での優秀層は長年の貢献を理由に幹部層に鎮座している。ＥＳＧ重視へと経営をとりまく環境が変わったからといって、彼らの座を女性や外国人に譲るという決断は容易ではない。

日本の伝統的大企業は、平成の30年で既にその存在感が希薄化している。それは世界の産業界という意味だけではなく、日本を含めた世界の有能な人材の選択肢における存在感という意味も含む。

〝ユニコーン不足〟と誤認されているが、日本には「隠れユニコーン」を含め、優秀で将来性のあるスタートアップが存在していることは繰り返した通りで、今後も増えるだろう。

スタートアップ企業に集う彼・彼女らには、中年の日本人男性社員というレガシーがない。化石燃料に頼った製造ラインも持たない。ESGへの対応における難易度は、伝統的大企業よりもはるかに低い。グローバル大企業との提携に際しても、社内の承認プロセスの煩雑さは少なく、おそらくコミュニケーション面でもスピード感を持って進めることができる。国内外の有能な人材やユニークな取引先を加速度的に集積させていくだろう。

過去30年間の経済のグローバル化が加速する中で地盤沈下した日本の伝統的大企業は、こうしてESGが進展していく中で、ESG格差とも呼ぶべき新たな格差に巻き込まれる。伝統的な日本の大企業は現状のままではこのESG格差の中で、上位に立つことは容易ではない。格差をさらにつけられる側になる。

日本の伝統的大企業は、すでに平成の30年間で大きく〝負けた〟。ESG対応を抜本的にしなければ、さらに〝沈む〟可能性が高い。

※1　カーボンゼロ経済に向けた事業活動を加速するために先進的な情報やツール、ガイドを提供する連合
※2　「コーラル・キャピタル・レポート」2022年6月8日付「日本の『隠れユニコーン』41社を調べてみた」
※3　市川祐子著『ESG投資で激変！　2030年会社員の未来』内の著者とメルカリ小泉文明の対談
※4　M Power Parters ウェブサイトより引用
※5　平川新『戦国日本と大航海時代』（中公新書）

第4章

ESGはどこに向かうのか

1 忘却と視野狭窄――ESG推進を阻害するもの

半世紀前のESG

ESGへの流れは加速する。

ただし過去には、ESGと同様の動きが起こったものの、一定期間盛り上がったのちに社会全体として忘却され、うやむやになってしまった事例もある。視野狭窄に陥り、教条的にESGを進めると、社会の賛同を得られなくなる事態も想定しうる。

また、ESGは、イデオロギーでもある。だからこそ、様々な見地から多くの挑戦を受ける恐れがある。産業界のロビイング、科学的見地からの反論、社会思想からの攻撃などが考えられる。

第一次オイルショックは、今から約半世紀前の1973年10月6日、領土奪還を目指してエジプトとシリアがイスラエルを攻撃したこと（第四次中東戦争）で始まった。その10日後の10月16日、OPECに加盟しているペルシャ湾岸産油国6カ国が、原油公示価格を大幅に引き上げた。

石油価格は一気に4倍に跳ね上がり、エネルギーを中東の石油に依存してきた世界経済は深刻なダメージを受けた。

日本でも、物価が1年で数十パーセントも上昇する「狂乱物価」と呼ばれる現象が発生した。翌1974年にはGDPが戦後初めてマイナス成長となり、高度経済成長に終止符が打たれた。当時、小学校低学年だった筆者の松岡は、この時、新聞のテレビ欄が多くの空白で占められたことを覚えている。夜のネオンも消えた（小学生だったので目視はしていない）。1973年11月20日、当時の郵政省は、各テレビ局に深夜放送の自粛を要請し、各社は翌年1月からこれに従った。NHKは深夜だけでなく、日中も放送を休止した。

同時期に、当時の国民の恐怖心を煽る大ベストセラーが2冊、出版された。

1つは、小松左京著『日本沈没』だ。同著は、上巻204万部、下巻181万部の計385万部も売れた。伊豆半島の地震で始まった列島異変が、全日本国民の日本脱出と列島全体の沈没につながるという内容だった。

もう1つは、同年に祥伝社から出版された五島勉著『ノストラダムスの大予言』である。フランスの占星術師ノストラダムスが著した『予言集』を紹介し、1999年7の月に人類が滅亡するという衝撃的な内容だ。こちらも200万部売れたと言われている。翌1974年には、同名の日本映画も製作公開された。この映画は、当時の文部省推薦映画だった（!）こともあり、1974年の邦画部門の興行収入第2位となった。

この2冊は、公害問題などで将来に対する不安を抱えていた当時の日本で、現実味を帯びた終末論として大々的に受け入れられた。
おそらく日本中の小学生が震え上がった。第2章で紹介したユージン・スミスが水俣病患者の写真を米誌『ライフ』に寄稿したのも、この時期である。

再び内部化される不都合な問題

第一次オイルショックの前年、1972年に発表されたのが第1章でも触れたローマクラブの『成長の限界』である。

――現在の経済成長率と人口増加率が今後も持続するとすれば、食糧不足、資源の枯渇、汚染の拡大によって地球と人類は100年以内、おそらく50年以内に成長の限界に達し、人口と工業力の制御不可能な減少という破滅的な結果が発生せざるを得ない――。

『成長の限界』は、マサチューセッツ工科大学のデニス・メドウズらを中心とした国際チームが行った、「人類の危機に関するプロジェクト」と題する研究報告だ。当時最新のシミュレーション手法を使用した調査であり、世間では高い信憑性を持って受け入れられた。

メドウズらに研究委託したのは、ローマクラブと呼ばれる民間シンクタンクだった。

同クラブは、イタリア事務機器メーカー・オリベッティ社の副会長だったアウレリオ・ペッチェイが初代会長となり、1970年に正式に発足した。会員には、著名な政治家、学者、宗教家らが名を連ね、同クラブの権威を引き上げるのに必要十分だった。

余談になるが、オリベッティは20世紀初頭に高速で入力できるタイプライターで世界的にシェアを獲得し、計算機にいち早く進出したほか、先端的なデザイナーの起用でデザイン性に富んだモノづくりに挑んだものの、ＩＢＭの台頭に代表されるコンピュータ時代に乗り遅れて没落した、かつての名門企業である。

さてこの『成長の限界』の物語の後、半世紀を経て、世界経済は崩壊するどころか、空前の繁栄を謳歌してきた。当時のローマクラブは、「人は幾何級数的に増加するが、食料は算術級数的にしか増加しない」という説を前提としていた。これは１７９８年に英国の経済学者マルサスが『人口論』で唱えた人口爆発という考え方だ。

しかし、実際は、都市を中心とした出生率低下で人口爆発は生じていない。むしろ、少子高齢化が問題化している。技術革新や物流網の発達、価格メカニズムによる食料増産投資により、フードロスが問題になるほど食料も先進国では行き渡っている。

日本では、１９８０年代後半にバブル経済が発生し、金満かつ贅沢な生活が求められた。百花繚乱のごとく「荘園」的大企業がわが世の春を謳歌し、従業員、取引先、地域の経済を潤した。空前の好景気の中で、50年前の〝ＥＳＧ〟推進はほどなく忘却された。その後の経済のグローバル化の過程で、公害、児童労働、強制労働など主要先進国に存在していた多くの問題は、発展途上国へ外部化され、我々からは直接見えなくなった。

ここに来て我々は、サプライチェーンの健全化、公正《フェアネス》さという観点で、外部化された諸問題を見つめ直すことを迫られている。21世紀のＥＳＧへの取り組みを一過性のものとしないよう、政官財は情報発信を継続する必要がある。

科学者からの反論

ＥＳＧへの流れは揺るがないように見えるが、ＥＳＧのＥについては科学的見地からの批判もなされている。

例えば、森林の専門家から、現在の森林保護の誤りが指摘されている。代表例は、田中淳夫著『虚構の森』だ。田中は、フリーの森林ジャーナリストとして、『絶望の林業』など森と人の関係をテーマに執筆活動を続けている。

田中によれば、世界の森林は破壊されていない。科学誌『ネイチャー』の論文（２０１８年8月）は、過去35年間で世界の森林が７％増加したことを紹介している。７％という森林の増加分は中国とインドの植林によるもので、日本の国土の6倍以上に当たる。

加えて田中は、「アマゾンは地球の肺」ではない、とも言う。確かに、植物は光合成で酸素を排出する。一方、森林には光合成をせず、呼吸のみを行う菌類（カビやキノコ）が多数存在しており、森林全体では酸素を生み出してはいないという主張だ。

真正面からＥＳＧを批判する科学者もいる。

早稲田大学名誉教授の池田清彦は『ＳＤＧｓの大嘘』の中で、ＳＤＧｓは嘘だらけで、この環境ビジネスで丸儲けしている人間がいると舌鋒鋭く批判を展開している。その著作ではCO_2が多い方が植物の生産性は高くなるという主張も展開されており、一般認識を真っ向から否定する。

筆者自身は、これらのＥＳＧ批判を科学的見地から正しく判断する知見は持ち合わせていない。重要なことは、ＥＳＧ推進には、様々な挑戦や攻撃がつきものという事実である。逆に、ＥＳＧへの強い推進意思を間接的に知る機会も少なくない。

旧知の金融機関役員から聞いた話だ。コロナ禍が一段落したことで、彼は２０２２年10月に欧州出張に行き、ベルギーでＥＵの要人と会談した。ロシアのウクライナ侵攻によるエネルギーコストの値上がりにより、２０２２年の冬のＥＵは大変なことになる。これを受けて、ＥＵのＥＳＧ推進の動きは逆回転するのでしょうかと、問いを投げたところ、要人の反応は想定と正反対だった。

ウクライナ侵攻を契機に、一気に脱炭素を進める。水素など新しい技術への転換の加速こそがＥＵの現在の使命だ、という答えが返ってきたのだ。

水素技術に長けた日本としては大変好ましい動きであり、久しぶりに訪れた日本のチャンスとも言える。それ以上にこの発言から感じるべきは、ＥＵにおけるＥＳＧのイデオロギー性の強さだ。ＥＵは、これほどの覚悟でＥＳＧを推進している。国家・企業・個人がＥＳＧというイデオロギーに従って動くのが、巨大国家連合であるＥＵだ。こうした傾向からもこの動きは不可逆的と言ってよいだろう。

ＥＵの脱炭素に向けた強い覚悟。ＥＳＧ推進は様々な挑戦を受け、挫かれたり、変節を余儀なくされたりする。強い意志の存否がＥＳＧ推進の成否を決定すると言える。

マイノリティと功利主義

無思慮な功利主義（utilitarianism）の受容もまた、ＥＳＧへの取り組みで気をつけるべき盲点となる。功利主義とは、19世紀の英国で生まれた思想であり、ジェレミ・ベンサムやジョン・スチュアート・ミルが発展させた。功利（幸福や快楽）を価値の原理とし、「最大多数の最大幸福」を目指す考え方だ。

経済産業省と東京証券取引所は、２０１２年より「なでしこ銘柄」の選定を行っている。対象企業は東証上場企業で、女性管理職比率や女性取締役数などの基準で選定される。「なでしこ銘柄」の説明資料を見ると、女性の活躍など多様性（ダイバーシティ）がイノベーション力の創出を通じて、企業価値の増大に寄与することが期待されている。

売上高営業利益率、配当利回り、株価パフォーマンスで、「なでしこ銘柄」は市場平均を上回っている。「なでしこ銘柄」を通じた官民の取り組み自体は素晴らしいものだ。ただし、留意すべきは、マイノリティを尊重するダイバーシティの取り組みと、企業の利益や株価にプラスであるという経済合理性との同居である。

元来、マイノリティの尊重は、それ自体に意味があるはずである。

経済活動に対してニュートラルであっても、ネガティブであっても、マイノリティは尊重されるべきだ。経済活動にプラスを生み出そうが、マイナスを生み出そうが、すべての人が等しく扱われること自体、人間としての理性の帰結だ。

マイノリティの尊重やダイバーシティが企業収益や株価にプラスであるという考え方は、無自覚のまま功利主義と地下茎で結合する。功利主義が重要だとすると、企業収益や株価にプラスでないマイノリティの扱いが論点として残る。

資質や実績があっても、女性やマイノリティを一定の職位以上には昇進させない組織内の障壁を、欧米では「ガラスの天井（glass ceiling）」という言葉で表現する。

2016年の米大統領選でドナルド・トランプに敗れたヒラリー・クリントンは、ニューヨーク市内のホテルで支持者やスタッフを前に、スピーチを行った。そこで、「ガラスの天井」という言葉を使い、女性の社会進出を阻む最後の壁を破れなかったことを悔いた。

このニュースを受け、テレビ番組『サンデーモーニング』では、ヒラリーが指摘した「ガラスの天井」を、政治学者の姜尚中が別の視点から斬っていた。「ガラスの天井」や上場企業の女性取締役数の議論は、有能で恵まれた女性の社会進出の議論だ。ジェンダーの根深い差別の問題は、低所得のマイノリティやシングルマザーなど光が当たらない部分だと、姜は指摘したのだ。同様の指摘は、水無田気流の『シングルマザーの貧困』など、女性からもなされている。

文脈は違うが、それは鄧小平の「先富論」が中国経済躍進の原動力であったことと共通する。中国国民全体が等しく富むことはできない。先に富める人間が富み、そうでない人を助けるという考え方だ。実際、上海、北京、深圳など先に富むエリアが中国経済全体を牽引した。

「ガラスの天井」に直面する、有能で優れた女性やマイノリティの社会進出は、鄧の「先富論」と同じく、女性やマイノリティ全体の社会進出の先鞭をつけるものだ。筆者もそうあって欲しいと切に願う。

ただし、先天的な障害も含め、活躍が困難なマイノリティが置き去りにされないためには、ＥＳＧが功利主義との一定の距離を保つことが欠かせない。

社会全体やマクロ経済の話になると、マイノリティ尊重と功利主義は結びつきやすい。話として美しいからだ。しかし、巨視的視点を捨象し、微視的視点、個人的視点に立脚すると状況は異なってくる。

自分の親・兄弟姉妹・子どもの場合はどうだろう。連続して罪を犯すような反社会的な存在である場合はさておき（いや、たとえそうだったとしても）、親・兄弟姉妹・子どもは、ただただこの世に存在してくれるだけで、自分にとって無二の精神的支えとなるのではないか。『嫌われる勇気――自己啓発の源流「アドラー」の教え』などでアドラー心理学を日本に紹介した哲学者・岸見一郎も同様の考えを示している。人は何かをするためにここにいるのではなく、ここにいるだけで他の誰かの助けになっているのだと。

功利主義的ESG追求は新たなマイノリティを生む

ESGのS、つまりマイノリティ尊重の動きは〝欧米〟発だ。より厳格な態度や「ポリティカル・コレクトネス（略称ポリコレ）」という言葉の普及を考えると、米国でSの追求がより急進的であるように見える。

第2章で議論したように、ESGのEとSは出自が同一ではない。Eは、天然資源を持たない〝欧州〟主導の動きだ。Sは〝欧米〟主導だが、特に米国主導と言える。

Sの推進は、〝欧米〟における苛烈なマイノリティ差別の歴史の裏返しでもある。人間尊重の理念は、常に欧米が先行し、アジアや日本は劣後していると誤認されがちだが、長い歴史に照らすと、必ずしもそうではなさそうだ。

中村敏子の『女性差別はどう作られてきたか』によると、江戸期までの日本は夫婦別姓であり、結婚した女性にも財産権が存在した。当時の日本では離婚も女性から要求できた。英国ではカヴァチャーという法律で、結婚した女性は夫のモノとなり、財産権も没収された。離婚が認められたのは1937年だ。

明治維新後、日本政府は、西洋の制度を妄信的に採用した。民法は、フランスのナポレオン法典を参考とした。そこには「妻は夫に従わなければならない」と明記されていた。これが撤廃され、フランスで夫婦間の法的平等が実現したのは1975年のことだ。

西洋化が進められた明治期の日本では、江戸期まで女性が持っていた様々な権利が失われた。決定的だったのは選挙権の喪失だ。明治初期までの日本では、各世帯の戸主が女性という家もあった。中村によると、1891年の仙台の戸口調査では、平民の家の12%が女性戸主だった。

納税者が選挙権を持つという原則に立てば、戸主の女性にも選挙権があるという判断もありえた。しかし、明治政府は、1890年の衆議院選挙から、25歳以上の男性のみが選挙権を持つことを決定した。男性に〝平等〟に選挙権を付与することで、男女の〝不平等〟が確定した。

もともと江戸期の日本には、女性の権利が比較的存在していた。明治期以降は欧米に追随して、男尊女卑が強化された。皮肉なことに、現在はマイノリティ尊重に向けた取り組みにおいて、日本は欧米に追随している。欧米のフェミニズム運動の根底には、長期にわたる男女間の差別が背景にある。

マイノリティの尊重は正しい動きだし、今後も進展していくだろう。ただし、欧米での動きを無思慮に受け入れるのは得策ではない。ある視点の平等が、別の視点の不平等を生むリスクがあるからだ。

フランスの経済学者ジャック・アタリは、ESG投資における〝平等〟が〝不平等〟を生む構造を鋭く指摘している。元欧州復興開発銀行総裁のアタリは、2022年3月10日付「日本経済新聞」のインタビューで、ESG投資が途上国に不平等になっていると、批判的な見解を述べている。

ESGの進展で、世界の指導者の間でESGに取り組む企業への資金供給「サステナブルファイナンス」が注目された。投資家もESG関連ファンドへ投資を加速している。

しかし、ESG投資という概念は、資金の流れを先進国企業に優遇する作用を持つ。記事によれば、現在のESG投資は、投資先の90%が先進国の経済圏で、残り10%もごく一部の急成長するアジア経済圏に偏在している。

先進国と途上国の不平等解消はESGの重要な目標の1つだ。しかし、ESGスコアリングをベースにした〝平等〟な資金の流れを許容すると、資金は先進国にばかり流れる。国家間の資金調達における不平等は加速する。途上国の企業が必要とする資金が、むしろ先進国に奪われるという本末転倒な事態が発生しているのだ。

アタリは、「既存のESGスコアでは、例えばインドの同族会社や大株主が支配する企業は、競争力や独立性の面で脆弱だとみなされるだろう。だが、格付け会社の好む株主構成が最も効率的だという根拠は乏しく、特に国家が大きく介在する市場などでは必ずしも当てはまらない」と主張する。

功利主義的で視野狭窄に陥るようなESG追求は、新たな差別を生み出す可能性がある。第1章で指摘した通り、ESGは金融業界を苗床として広まった概念である。ESG対応を積極的に推進する企業に対して資金が流れる仕組みが構築され、ESG巧者のグローバル大企業による荘園の形成を支えた。ESGは、道徳性や規範性を有しつつも、金融業界という〝ゆりかご〟を通してグローバルな荘園を育成する機能があった。

だとすると、アタリが指摘する矛盾の発生は避けられない事態かもしれない。

ESGを推進する側は、専門家や非推進派を含め、様々な意見を持つ人々との積極的な意見交換によって、いわば意識的に多様性の海の中に自らを投げ入れる覚悟と努力が必要である。ESGに限らず、すべてのイデオロギーはその普及過程において、教条性や急進性を帯びるリスクを包含している。一面的で教条的な平等の追求は、新たな不平等の固定化を生み出すリスクを内包している。このことをいま一度意識しておく必要があるだろう。

2 禁酒法とESG

清教徒の禁欲から生まれたアルコール飲料忌避

第一次オイルショック（1973年）の発生よりもさらに半世紀前の1920年、今後のESGの趨勢を占ううえで参考となる事象が米国で生じた。

禁酒法の施行だ。禁酒法は、1920年1月17日に施行され、その後14年近く続き、1933年12月5日に改正（実質的に廃止）された。同法は、米国において、アルコール飲料の製造・流通・販売を禁ずるというものだ。同年、女性参政権も成立している。

歴史上稀に見る、禁酒法という奇妙な法律の成立ならびに廃止、また女性参政権成立の背景の分析には、現代のESGを考える上で、実は多くのヒントが存在している。

禁酒法は1920年に急に成立したわけではない。その半世紀前から、禁酒という概念のマグマは活動を始めていた。ここでも、清教徒の教条主義的行動が歴史を動かした。

清教徒は、当時のイングランドから新大陸にいち早く入植し、禁欲や勤勉を尊ぶ生活様式を米国に広めた。このため、米国には独立戦争以前からアルコールに対する根強い反発という傾向が見られた。

全国を対象とする禁酒法が施行される以前から、全国48州（当時）のうち18の州で禁酒法が施行され、1917年には全国禁酒法が上下院を通過していた。全国禁酒法の施行には、全48州のうちの4分の3に当たる36州の批准が必要だったが、当時の多くの人は「批准州は36州を超えないだろう」と高をくくっていた。

しかし、清教徒ら推進派が言う「人類史上初の高貴なる実験」という主張に賛同者が続出し、36州が批准した。不確かな情報で国意が決した点では、英国のEU離脱と酷似している。

自家用車に乗り、エアコンを使う生活はやめられない。この生活様式の継続がCO_2を排出し、地球環境に良くないことは百も承知だ。

アルコール飲料の摂取も、多くの人はやめられない。過度な摂取は、個人の健康を害し、社会の安定性を低下させることも、これまた百も承知だ。

CO_2とアルコールはESGという文脈でとらえなおすと、同じ構造を持つ。

両方とも、道徳性、規範性を要求する。しかし、過度な理想主義や禁欲主義の追求は、一般国民の生活を根本から変容させ、場合によっては破壊する。

この禁酒法実現への動きを女性参政権運動と結びつけたのが、婦人キリスト教禁酒同盟（WCTU：Woman's Christian Temperance Union）だった。

WCTUは1874年にクリーブランドで誕生し、禁酒（Temperance）運動を開始した。

WCTUについては、米国研究者の岡本勝が詳しい。[※1]岡本の文献によると、1879年に2代目WCTU会長に就任したフランシス・ウィラードは、活動の多様化と政治運動化を推進した。女性の参政権などがその達成目標となり、目標達成のための手法として学校教育からの変革を実行した。ESGのSと通ずる運動だ。

1883年にはミシガン州で、教員免許付与の条件が「禁酒知識を問う試験に合格すること」になった。その後、ジョージア州を除くすべての州で、禁酒義務教育法が成立した。加えて、1881年、WCTUは婦人参政権獲得を目標に据えた。ウィラードは、共和党、禁酒党、人民党など政党への働きかけを行い、禁酒と女性参政権を結びつけた。

Z世代のエコテロリストたち

エコテロリズムという言葉を聞いたことがあるだろうか？

2022年10月、環境保護団体の活動家2人が、美術館に飾られているモネの名画『積みわら』にマッシュポテトを投げつけたことをメディアの報道などで目にした読者もいるだろう。2人は「Letzte Generation（ドイツ語で最後の世代という意味）」という団体のメンバーだ。

その前の週には、別の2人の環境保護活動家が、ロンドンのナショナル・ギャラリーで、ヴィンセント・ヴァン・ゴッホの『ひまわり』にトマトスープの缶を投げつけた。5月には、パリのルーブル美術館で、レオナルド・ダ・ヴィンチの『モナリザ』にケーキを投げつけた男が、警備員に引きずり出された。

彼・彼女らはほとんどが、10~20代の若い層である。いわゆる「Z世代」と呼ばれる若者たちだ。彼らは一様に、「科学者たちは、2050年までに人類の暮らしが破綻すると述べている。私たちは、絵画にマッシュポテトを投げつけることで、それを世界に知らせたい」と主張している。

エコテロリズムの中心的存在は、英国を本拠地とする「Just《ジャスト》 Stop《ストップ》 Oil《オイル》」と呼ばれるグループだ。彼らは自身を「政府が英国での化石燃料の探査、開発、生産に関するすべての新しいライセンスと同意を終了することを確実にするために協力するグループの連合」と説明している。

「Just Stop Oil」は主要先進国に広がりを見せている。欧州発のエコテロリズムはいずれグローバル化していくだろう。「Z世代のエコテロリスト」と呼べるかもしれない。

実は、禁酒法施行前の世紀転換期も、酒場において禁酒を主張するテロリズムが米国を騒がせた。米国文学者の大井浩二によると、キャリー・ネイションという名の女性が、片手に聖書、片手に手斧を持ち、次々と酒場を襲い、計30回も逮捕されたという。※3

ただし、「Just Stop Oil」のメンバーとは異なり、ネイションが酒場を襲い始めたのは彼女が50代になってからだ。文筆の才能にも長け、自伝や3種類の新聞を発行し、戯曲も2編手掛けた彼女の行動は、禁酒の必要性に加えて、腐敗した米国の回復を願ってのことだったようだ。

いつの世も急進派はいるが、世論を味方につけられない運動は成就が難しい。

空前の株高の中で施行された禁酒法

19世紀後半から20世紀前半にかけて、禁酒や人権など道徳性や規範性を問う動きが米国民に徐々に広がった。この時期の米国では粗野な資本主義の駆動が始まり、長期間にわたる株高となっていた。

次頁の図表4―1は、1920年の禁酒法が施行されるまでの四半世紀間のニューヨークダウだ。この間に株価は3倍に上昇した。

株高の背景は、当時の米国の帝国主義であり、19世紀末のグローバリズムだ。

南北戦争後のリコンストラクション（再建）によって、南部が新市場として米国に組み込まれ、米西戦争でキューバやプエルトリコが、米比戦争でフィリピンが新たな市場となった。

1840～1920年の80年間で3700万人もの移民が押し寄せた。多くは欧州から

図表4―1　禁酒法施行（1920年）までの約20年間のニューヨークダウ

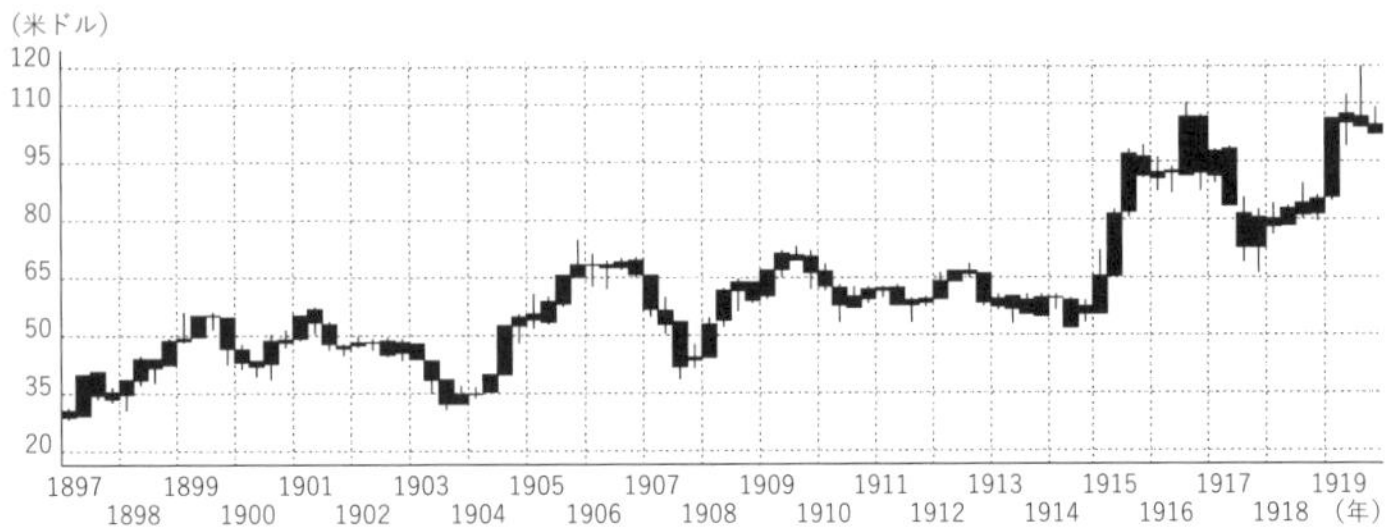

出所：フロンティア・マネジメント

だ。欧米大陸間の往来が加速し、人やモノは、米国内で整備された大陸横断鉄道を通じて米国内でも移動・流通が加速した。

手工業から重工業へと産業構造転換（第二次産業革命）が進んでいた米国では、大規模な設備投資をまかなう必要性から、持ち株会社が生まれた。企業同士はトラストと呼ばれる株式の持ち合いや、同業同士の経営統合で独占状態を作り、超過利潤（レント）を得ていた。

縁故資本主義（クローニーキャピタリズム）が跋扈《ばっこ》し、粗野な資本主義が台頭していた。カーネギーやロックフェラーは「泥棒男爵」と揶揄されるほど、巨万の富を獲得した。今風に言えば格差社会である。

経済のグローバル化、資本主義市場の拡大、移民の増加、巨大資本の出現、独占や寡占、それに対する国民の不満と規制当局の動き、格差社会、巨万の富を得る富裕層——。

禁酒法施行前夜の米国は、さながら20世紀後半から21世紀初頭の主要先進国の状況そのものだ。サッチャーやレーガンの新自由主義経済、ベルリンの壁崩壊による資本主義市場の拡大、人・モノ・金の自由移動を促す規制緩和、M&Aで誕生する巨大企業、GAFAMらによる情報独占、主要各国で上昇するジニ係数、ミリオネアやビリオネアの急増――。

好況で禁酒法や女性参政権が生まれた構図と同様、21世紀のグローバル経済の隆盛がESGを育ててきたという見方もできる。

進歩主義の始まりと「狂騒の20年代」

株式市場の活況は、資産格差や収入格差のさらなる拡大を生んだが、同時に米国民それぞれの生活レベルも引き上げられた。特に、中間層の生活レベルが相応に上昇した。「衣食足りて礼節を知る」ではないが、彼らは格差・不法・不正などの問題を注視し始めた。20世紀初頭になると、大企業によるトラストや不正大型融資、衛生状態の悪い食料生産や流通、鉄道事業などでの虐待や強制労働などが主な注視の対象となった。タブロイド紙が、これらの不正、格差、社会問題をセンセーショナルに報じた。

知識層や中間層（の上の方）による「進歩主義」と呼ばれる精神運動だ。

女性ジャーナリストのイーダ・ターベルが1904年に出版した『スタンダード・オイルの歴史（The History of the Standard Oil Company）』により、同社のトラストなど様々な問題が白日の下にさらされた。1911年、米連邦最高裁の命令によって、同社は34の会社に分割されて消滅した。

社会主義者であり、人気小説家だったアプトン・シンクレアは、1906年に『ジャングル（The Jungle）』を出版し、精肉産業の実態を告発した。シカゴの食肉加工場の不衛生さ、国内食肉供給ルートにおける牛肉トラストなどが暴かれ、食肉検査法の制定につながったという。

進歩主義の立場をとる知識人たちは、中間層にも進歩主義への参画を強く促した。自由主義、独占・寡占、富裕層と格差、儲け優先の企業経営、不正な利益追求などへの進歩主義からの反対運動。それは、知識層だけでなく、ジャーナリズムや中間層も巻き込んだものだった。禁酒法は、こうした世相の中で、1920年に施行されたのである。それは、清教徒らの願いが結実した瞬間だった。

次頁の図表4―2に見られるように、禁酒法が施行された1920年以降、ニューヨークダウは冴えない展開が数年続いた。しかし、1924年頃から1929年のウォール街大暴落のその時まで、ダウは一本調子で上昇した。

米国は、俗に「狂騒の20年代」と呼ばれる時代へと突入する。「狂騒の20年代」の米国は、第一次世界大戦後の好景気に包まれた。自動車、映画、ラジオなど新技術による製品が流通し、人々は時代の変化を感じた。ジャズ、ファッション、文学などの文化が花開い

図表4―2　禁酒法施行から約20年間のニューヨークダウ

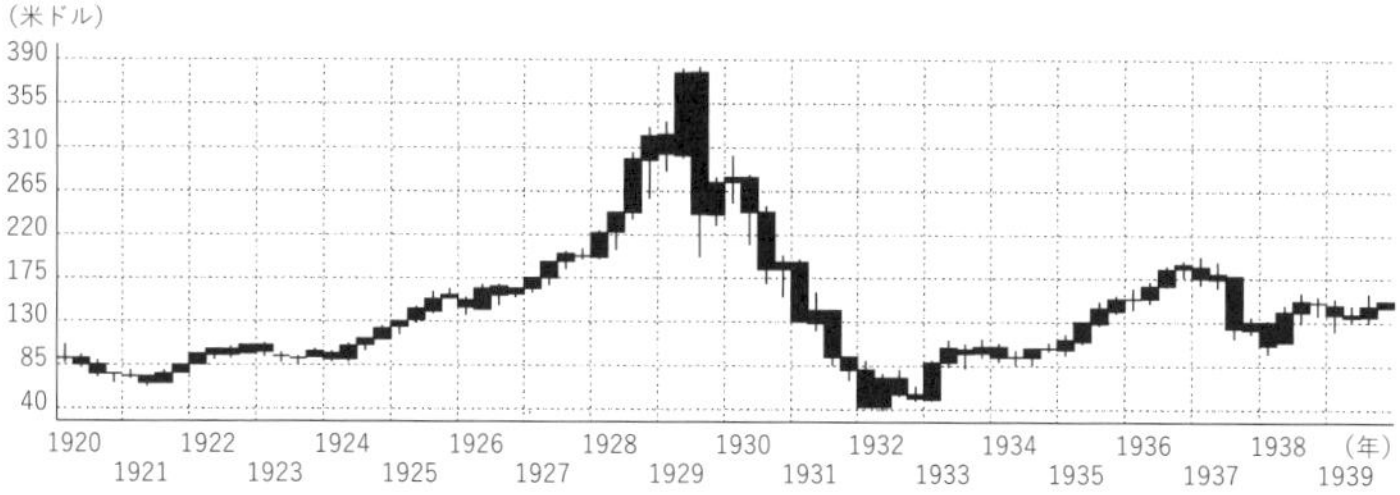

出所：フロンティア・マネジメント

た時代でもあった。

ＩＴ革命後の現代と通ずるところがあるようにも感じられないだろうか。

この時期、社会のサステナビリティやインクルージョンという観点から、禁酒法の施行と女性参政権に加え、主に都市部だけに限られていたが、マイノリティの受容も一時的に進んだ。

ネイティブアメリカンへの差別撤廃の観点から作られた映画が放映された。マイノリティと白人との映画や劇場での共演、ナイトクラブでの食事が可能となった。性的マイノリティとのパートナー関係を公言する俳優も出てきた。ニューヨークダウが大暴落して大恐慌に突入した１９３０年代、時代は保守化し、マイノリティにとって冬の時代が再来する。

１９３０年代の保守化での揺り戻しが待ち構えているものの、「狂騒の20年代」は、ＥＳＧ（特にＥとＳ）というコンテクストで見ると、〝山が動いた〟時期だったのである。

バブル崩壊と禁酒法改正

バブルは弾ける。1929年のニューヨークダウ大暴落で、1930年代の米国は長期の不況に突入した。いわゆる「大恐慌」時代の到来である。ダウは3年間下げ続け、1929年の高値から90%近い暴落となった。その後の回復は鈍く、第二次世界大戦開戦時でも1929年の高値の3分の1程度の水準だった。

経済の困窮を受け、禁酒法はほどなく改正、実質的に廃止された。1933年のことだ。酒税を経済回復の一助とすべく、禁酒法廃止を訴えて選挙戦にのぞんだフランクリン・ルーズベルトが大統領に就任したためだ。

〝100年前のESG〟は、バブル崩壊を受けて一気に逆回転する。経済は1930年にはスムート・ホーリー法を定めて保護貿易政策が採用される。グローバル経済は停止し、ブロック経済が始まった。

歴史は繰り返す。それから約100年。米国のバイデン政権は、経済安全保障の確保を目的としてEUとの間に「貿易・技術協議会（TTC：Trade and Technology Council）」を設立した。同志国との間でサプライチェーンを築く方向が明確化され、フレンド・ショアリング（friend-shoring）という現代のブロック経済の構築が始まっている。

1930年代には麻薬規制の強化を通じ、マイノリティへの差別も逆戻りして、苛烈なものとなった。米国では、1914年に「ハリソン反麻薬法」が成立し、アヘンとコカインの使用を医学的目的に制限した。しかし、「狂騒の20年代」において効果は不十分であり、30年代に規制強化とプロパガンダが行われた。

社会学者の山本奈生著『大麻の社会学』によるとルーズベルト政権が誕生する前の1930年6月、フーバー政権でハリソン反麻薬法の国内執行機関を統合した連邦麻薬局が財務省の管轄下で設立される。初代長官はアンスリーガーであり、彼はフーバーからルーズベルトを経て、戦後ケネディ政権に至るまで米国の麻薬統制界に君臨した大物行政官だったという。

山本によると、アンスリーガーを形容する表現として、「熱烈な道徳保守主義者」「プロパガンダ主義者」「レイシスト」が使われる。アンスリーガーは、アフリカ系、メキシコ系に人種差別的指弾を行い、特に、アフリカ系とジャズを侮辱的に名指しした。

規制当局と共同歩調をとったハースト新聞社などイエロー・ジャーナリズム（大衆向けに煽情的記事を掲載する新聞）は多くの大麻特集を組んだ。そこでは、薬物とその危険性を論じる際、メキシコ系・アフリカ系などマイノリティとの結びつきが語られた。

不況が続くことで、一般国民、中間層も家計が苦しい。マイノリティへの寛容さは喪失し、イエロー・ジャーナリズムがストレス発散のはけ口となった。バーボン販売数量世界一を誇るジムビーム社は、1934年にジムビームバーボンの販売を開始した。

図表4—3　第二次世界大戦後25年間のニューヨークダウの推移

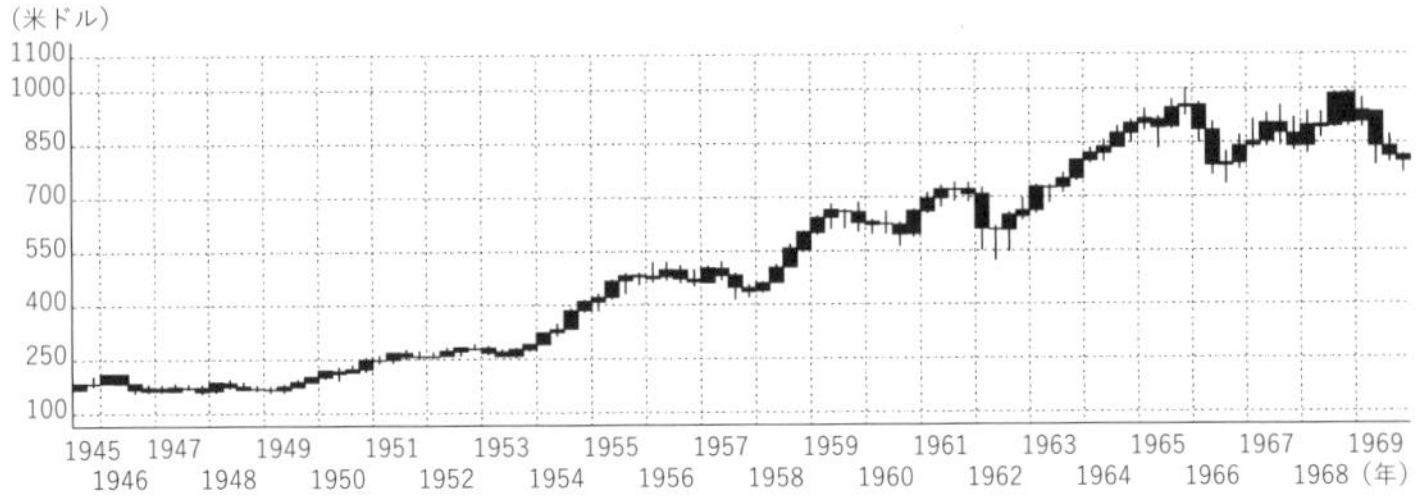

出所：フロンティア・マネジメント

第二次世界大戦後、ニューヨークダウの推移は冴えなかった。１９５４年あたりから、多少の下落時期を乗り越え、１９６５年に向けて大相場となった。この景気拡大期に、米国では人種差別問題における大きな前進が見られることとなった（図表４—３）。

１９５５年、アラバマ州モンゴメリーで、「モンゴメリー・バス・ボイコット事件」が発生する。アフリカ系米国人ローザ・パークスが、バスに乗車中、運転手から白人に席を譲るよう強要され、それを拒否すると逮捕された。

これを機に、「バス・ボイコット運動」が、燎原《りょうげん》の火の如く米国中に広がった。パークスは、〝公民権運動の母〟と呼ばれた。この運動を指導したのが、かのマーチン・ルーサー・キング牧師だ。

１年後の１９５６年、連邦最高裁は「バスにおける人種隔離は違憲だ」との判決を下した。この判決をきっかけに、南部諸州各地で黒人の反人種差別運動が本格化し、それが米国全土で巻き起こった。相場上昇も続いた。

公民権運動が最高潮を迎えたのは、1963年8月28日の「ワシントン大行進」である。キング牧師らの呼びかけに応じて、20万人以上の参加者がワシントンDCで大行進し、人種差別や人種隔離の撤廃を求めた。

「ワシントン大行進」は世界中で報じられた。キング牧師が行った「I Have a Dream《アイ ハブ ア ドリーム》（私には夢がある）」という20世紀の奇跡とも呼べる演説は、世界中の人の心を震わせ、世界中の人種差別解消運動に勇気を与えた。

果たして、1964年7月には「公民権法」が成立し、人種差別の撤回が宣言された。その1年後の1965年8月には、選挙におけるアフリカ系米国人の投票権に関する差別を禁ずる「投票権法」が成立した。「バス・ボイコット運動」から「投票権法」までの10年間、ニューヨークダウは継続して大相場となり、人権問題はこの間に大きく前進した。

ただし、LGBTQを含めたジェンダー差別の根本的な撤廃に向けた動きは、1955～1960年の大相場では実現しなかった。1990年代後半から始まる次の大相場まで、ジェンダー問題は雌伏させられた。

ブラウン大学経済学教授オデッド・ガローは近著『格差の起源』の中で文化人類学の始祖であるフランス・ボアズの主張に触れている。いわく「ほとんどの文化に共通する唯一の特徴は、自分たちの規範こそが遍《あまね》く妥当であるという間違った時に有害ですらある確信だ」。

ESGは好況の配偶者

100年前のESGは、株式市場や経済の活況をベースに高まり、ニューヨークダウの崩壊とその後の不景気によって雲散霧消した。キング牧師の「ワシントン大行進」による公民権運動も、ダウの大相場とともに実現した。

景気が良い時、特にバブル景気の時、一般大衆の文化は爛熟的で退廃的になると言われる。1920年代であればフィッツジェラルド『グレート・ギャッツビー』やローレンス『チャタレイ夫人の恋人』の小説を例示すれば、確かにその通りと言える。

ただし、小説は小説だ。中間層が退廃的に生きたわけではない。

むしろ、株式市場や景気の継続的な良化は、収入や資産価格の上昇という格好で、中間層に金銭的かつ精神的な余裕をもたらす。金銭的・精神的余裕は、教育や教養の高等化にもつながる。好況は、中間層の経済状況を亢進させ、教育や教養のレベルを上昇させる。精神的な余裕度も上がる。中間層の道徳性や規範性は引き上げられ、結果的に社会のベクトルはリベラルに向かう。

リベラルな社会では、巨大化し過ぎた企業は嫌悪され、公正競争の観点から戦略転換を余儀なくされる。寛容な精神性の発揮により、マイノリティの権利保護が進展する。アルコールやCO_2など環境や社会に有害なものに対する規制も強化される。所得や資産の不平等に焦点が当たり、弱者救済の動きが活発化する。

不況では、これが逆に動く。

中間層は、自身の余裕がなくなると、巨大企業でも政府機関でも何でも良いので景気浮揚になるものを受容する。公正競争という理念は劣後する。教育や教養レベルを引き上げることが物理的に容易でなくなり、精神性や規範性も低下する。

社会は保守化し、中間層から見たマイノリティへの視線から寛容さは希薄化する。むしろ、日頃のストレス発散のはけ口として、マイノリティへの攻撃は激化する。所得格差にも目をつむる。自分の方が大事だからだ。明日の衣食住がおぼつかないと、環境や社会にとって有害なものへの関心は薄れる。ましてや、自分の生活のレベルや自由度を意図的に下げなくてはならない諸運動（禁酒運動や環境保護運動など）には積極的に賛同しなくなる。

主要先進国で、ESGというイデオロギーは一気に広まった。米国の事例からもうかがえるが、21世紀の世界的好況がその流布を加速させた部分は少なくない。世界経済に変調が見られる今後はESGの正念場となる。不況でESGの花がしぼんでしまわないように関係者の一層の努力が必要となるだろう。浮揚のサイクルを繰り返しながら、ESGのレベルはらせん状に上方に登っていく。100年前のESGでは女性参政権は導入されたが、有色人種など他のマイノリティの権利保護に光が当たるには、公民権運動など20世紀後半まで待つ必要があった。

ＥＳＧというイデオギーは経済の好不況によって、行ったり来たりしながらより高次を目指す。それが人間の持つ理性のあり方だ。我々は今後起こるだろうＥＳＧの一時的足踏みを不況だからと諦観すべきではない。不況時はそれまで以上に中間層に配慮したＥＳＧへの対応が求められる。

マクロ経済による試練を受けるESG

第2章の図表2―4で示した通り、２０２２年に入ってから環境関連の株価指数は、全世界株平均の株価指数を下回っている。逆に、石油・ガス・石炭関連の株価指数は２０２１年も良好な動きだったが、２０２２年にはそのパフォーマンスがさらに上昇した。

軍事大国、エネルギー大国であるロシアのウクライナ侵攻は、マクロ的かつ地政学的パワーゲームだ。第1章で指摘したインフレ、それを退治するための政策金利の引き上げも、同様にマクロ経済を揺るがす。ＥＳＧが試され始めているのだ。

日本経済新聞シニアライターである山下真一は、著書『資源カオスと脱炭素危機』の中で、逆回転し始めているＥＳＧを多角的に検証している。山下は言う。「投資家も理想と現実のはざまで揺れ、過渡期の模索が続いている」と。

「石油株の熱い高騰を横目に見ながら、運用会社が『環境を重視するから』という理由で先高期待の低い株に投資したら、その行動は称賛されるだろうか。（中略）個人年金を運用する会社の場合は、運用パフォーマンスが低下すると、個人が受け取る年金額に跳ね返ることになる。実際、老後の資金が減ることへの警戒から、運用会社のＥＳＧ投資の方針に反対の声も上がった」

イデオロギーよりお金が重要という、身も蓋もない本音だ。本章でも論じた通り、景気が悪くなってくると、中間層の金銭的・精神的余裕は喪失する。余裕を失くした中間層が増加すると、社会は環境や人権への関心が薄くなる傾向がある。

ＥＳＧ投資やＥＳＧ評価についての疑問符も、同著では紹介される。

例えば、環境に関連する事業に投資する目的として発行する債券「グリーンボンド」の発行が急増している。しかし、国際決済銀行（ＢＩＳ）は、２０２０年９月に発表したレポートで、その有効性を否定した。グリーンボンドを発行した企業で、その発行前後でCO_2の排出量の変化は見られないという。

各企業に関するＥＳＧへの取り組みの評価も、正確性に難がある。「企業人権ベンチマーク（ＣＨＲＢ）」は２０１８年から２年連続で、英豪資源大手リオティントを２位にランクインさせた。しかし、その後、オーストラリアの鉱山で、同社による先住民の遺跡破壊が判明した。正確性の低いＥＳＧ評価を参考にした投資はＥＳＧ投資として妥当なのだろうか。

化石燃料に関する企業を投資ポートフォリオから外す「ダイベストメント」への疑問の声も上がっている。確かに、著名な機関投資家のポートフォリオから、化石燃料関連企業は外れた。しかし、それに代わって、ＥＳＧとは一線を画すヘッジファンドが大株主として登場するので、ダイベストメントの効果は小さいのではないかという主張だ。

ＥＳＧを強く推進してきた原動力である金融業界。ここが揺らいでしまうと、ＥＳＧを推し進める力は減退してしまう。環境関連の株式の低迷が一時的なものなのか、ある程度続くのか。その趨勢次第では、ＥＳＧの動きが大きく影響を受けることになるだろう。

怖くて地下鉄に乗れなくなったニューヨーク

マクロ経済の変調は、実際の生活にも暗い影を落とし始めている。

筆者の米国に住む友人は、米国郊外の荒廃が目に付くと指摘する。金利の上昇で生活が厳しくなる、住宅ローンが払えない、など中間層の比較的下位層の経済状況悪化が顕著というのだ。経済的困窮は治安悪化を生む。大都市の警察官や郊外の保安官は、事故や事件での死亡もあり、辞職が続いていると聞く。それはさらなる治安悪化につながる。

米国での報道によると、ニューヨークの地下鉄でアジア人男性がハンマーで暴行されるなど、２０２２年に入ってから犯罪が急増しているという。

図表4―4　ニューヨーク市における7重大犯罪数の推移

年間の犯罪数

暦年	2000年	2005年	00年比	2010年	05年比	2015年	10年比	2020年	15年比	2021年	前年比
犯罪	673	539	-20%	536	-1%	352	-34%	468	33%	488	4%
殺人	2,068	1,858	-10%	1,373	-26%	1,438	5%	1,427	-1%	1,491	4%
レイプ	32,562	24,722	-24%	19,486	-21%	16,931	-13%	13,106	-23%	13,831	6%
強盗	25,924	17,750	-32%	16,956	-4%	20,270	20%	20,572	1%	22,835	11%
加重暴行	38,352	24,117	-37%	18,600	-23%	15,125	-19%	15,478	2%	12,811	-17%
侵入強盗	49,631	48,243	-3%	37,835	-22%	44,005	16%	35,505	-19%	40,870	15%
車両強盗	35,442	18,246	-49%	10,329	-43%	7,332	-29%	9,037	23%	10,415	15%
犯罪合計	184,652	135,475	-27%	105,115	-22%	105,453	0%	95,593	-9%	102,741	7%

年始から10月23日までの累計

	2021年	2022年	前年比
犯罪	407	349	-14%
殺人	1,218	1,353	11%
レイプ	10,634	14,176	33%
強盗	18,644	21,282	14%
加重暴行	9,855	12,805	30%
侵入強盗	29,998	41,956	40%
車両強盗	8,136	10,993	35%
犯罪合計	78,892	102,914	30%

出所：NYPD「Citywide Crime Statistics」よりフロンティア・マネジメント作成

ＣＮＮの２０２２年3月11日のニュースでは、ニューヨークの地下鉄での犯罪は、２０２０年の28件に対して、２０２１年は１２９件に増加し、２０２２年には3月時点で54件（前年の同じ時期は19件）にのぼっている。アジア系米国人に対するヘイトクライムも過去2年間で著しく増加していると報じられている。

長年筆者と付き合いのあるニューヨーク在住の金融マンも、「地下鉄が怖いので乗らなくなった」とのメールを送ってきた。

論より証拠ということで、ニューヨーク市警察のウェブサイトから、同市における7つの重大犯罪の過去20年の推移と、ここ1年の動きを見てみよう（図表4―4）。驚くべきことに今世紀に入っての長期の景気拡大によって、ニューヨーク市の重大犯罪は大きく減少していた。

しかし、２０２１年に犯罪数の減少が停滞し、

2022年（10月23日時点までの累計数）からは急激に増加している。筆者の友人らが肌で感じていた治安の悪化は、数字でも浮かび上がってくる。

同種の問題はニューヨークに限らない。ロサンゼルス市内のホームレス人口はこの10年で倍増し、4万2000人に達した。犯罪や衛生問題も増加中だ。ロサンゼスル市の推計ではホームレスの46％が依存症を抱え、34％が重い精神疾患を患っている。

ニューヨークダウの大暴落後、1930年代は麻薬取締強化の中で、マイノリティがレッテル貼りをされ、苛烈な差別が加速した。現在も、マクロ環境は暗転し、金利が上昇し、インフレが発生する中で、犯罪が急増している。ヘイトクライム（偏見や憎悪による犯罪）も増加しており、人種差別が再燃している。

中間層が道徳的で倫理的であるのは、経済状況に恵まれていることが前提だ。21世紀を通じて推進されてきたESGへの覚悟が試されているとも言える。

トーンダウンする環境専門家

「ニューヨーク・タイムズ」と言えば、共和党のトランプ前大統領と幾度も衝突したメディアだ。民主党に近い信条であり、ESGシンパと位置づけられる。

2022年10月26日付 The New York Times Magazine は、「Beyond Catastrophe : A

New Climate Reality Is Coming Into View」という題名の長文レポートを掲載した。直訳すると、「大惨事を超えて：新しい気候の現実が表れてきている」となる。

筆者のデビッド・ウォレス・ウェルズは、気候変動について幅広く情報発信してきたジャーナリストだ。2017年に発表したエッセー「The Uninhabitable Earth」（直訳すると「住めない地球」）は、一大センセーションを巻き起こした。

このエッセーはその後に加筆され、2019年には同じタイトルで出版された。日本でも『地球に住めなくなる日――「気候崩壊」の避けられない真実』として翻訳出版され、大きな注目を浴びた。

ウォレス・ウェルズのエッセーや本は、人類への強烈な警告書だ。

2050年までに100都市以上が浸水する。数億人が貧困にあえぐ。温暖化は海面の上昇だけでなく、殺人的な熱波、大洪水、大気汚染、経済破綻などを引き起こす。世界は壊滅的な危機に陥るという衝撃的な近未来予言だ。

ウォレス・ウェルズは当時、米国のシンクタンク「新米国研究機構」のナショナル・フェローで、同書は、「ニューヨーク・タイムズ2019年ベストブック100」にも選出された。一定の科学性の衣を纏《まと》っており、相応に信憑性があった。『日本沈没』的な書というよりも、米国における『成長の限界』と分類する方が適切かもしれない。

ベストセラーを世に放った環境の専門家であるウォレス・ウェルズが、発信した長文レポートは、主張が従前とは異なり、変節した感さえある。レポート内のポイントを、筆者の直訳で紹介する。

ほんの数年前、今世紀の気候予測は非常に終末論的に見え、ほとんどの科学者は、「通常通りのビジネス」を続けると、世界に摂氏4度または5度の温暖化をもたらし、文明の崩壊の警告、さらには人間の最後さえ警告しました。（中略）再生可能エネルギー価格の驚くべき下落、真に世界的な政治的動員、エネルギーの未来のより明確な姿、そして世界の指導者からの真剣で集中的な政策のおかげで、私たちはわずか5年で、予想される温暖化をほぼ半分に削減しました。（中略）２０１０年以降、太陽光発電とリチウム電池技術のコストは85％以上、風力発電のコストは55％以上低下しました。国際エネルギー機関は最近、太陽光発電が「歴史上最も安価な電力源」になると予測し、カーボントラッカーの報告によると、世界人口の90％が、新しい再生可能エネルギーが新しい汚れた電力よりも安い場所に住んでいます。

ウォレス・ウェルズによると、過去5年の各国政府の努力によって、想定以上に化石燃料からの脱却が進んだ。化石燃料使用量の減少を、気候変動を予想するシミュレーションに入れると、世界の気温は従来の4～5度の上昇ではなく、2度の上昇にとどまるのだという。どうやら、我々は「2度の世界」を生きることになるようだ。

数年前に、気候変動が壊滅的な未来をもたらすと叫び、「警戒者」と呼ばれていたウォレス・ウェルズのレポートとは思えない内容だ。しかも、ESGシンパの媒体で発表されたことが意味深長だ。米国で何が起こっているのかを深読みしたくもなるが、ESGのEが揺らいでいることは否めない。

欧州の急進性と荘園のつまずき

ESGの本家である欧州ではEもSも加速している。来たるべき不況によってESGが後退を余儀なくされることに抗っているようにさえ見える。

サッカーワールドカップ2022の開催国であるカタールにおいて、移民労働者の人権問題が発生した。欧州各国は、カタールへ抗議の意から、パリなどでのサッカー中継の「ボイコット」を決めた。

各種の報道によると、スタジアムなど関連施設の建設現場では、多くのアジアからの出稼ぎ労働者が死亡しており、その数は6000人超にのぼる。カタールは性的マイノリティに不寛容で、同性愛行為を法律で禁止している。

フランスでは、パリ、マルセイユ、リールなど主要都市で、パブリックビューイングの中止が決まった。ベルギーやドイツでも、一部のバーやカフェで店内放送を取りやめた。デンマークでは、カタールへの抗議のため黒い代表ユニホームが発表された。イングランドをはじめ欧州13チームのうち8チームのキャプテンは、多様性を象徴するレインボー柄のアームバンドをつけて参加した。

ＥＵでは、２０３５年を目途にガソリン車の販売が禁止されことが発表された。電気自動車（ＥＶ）シフトがより鮮明になる。２０２２年10月27日にＥＵで合意された内容によると、CO_2を排出する乗用車と小型商用車の新車が、ＥＵ内で全く売れなくなるという。ＥＵは、新車販売された乗用車から排出されるCO_2について、従来は２０３０年時点での削減目標を37・５％減（２０２１年比）としていた。それを今回、55％減に引き上げる。また、小型商用車から排出されるCO_2については、従来目標の31％から50％減とする。

その５年後の２０３５年には、CO_2の削減率を２０２１年比で１００％にするという。ガソリン車に加え、ハイブリッド車（ＨＶ）やプラグインハイブリッド車の販売もできなくなる。極めて意欲的な目標であり、自動車関連企業群は迅速な対応が求められる。

一方、この世の春を謳歌してきた21世紀の荘園の一角を成す米国のＩＴ大手は、変調を見せている。ＧＡＦＡＭと呼ばれるグローバルＩＴ企業５社の２０２２年７～９月の最終損益は、４社が減益となり、増益となったアップルも増益率はわずか１％だ。

株式市場では先行きへの失望から売りが先行し、５社合計の時価総額も１週間で約４３

00億ドル（約56兆円）減少した。

米国を中心とした消費マインドの悪化、人件費やエネルギー費用の増加、ドル高など様々な要因が5社を直撃している。競争激化を指摘する声もある。SNSでは中国発のTikTokとの競争激化もあり、YouTubeの広告売上は四半期として初めて減少した。

より本質的で構造的な問題は、巨大化し過ぎたGAFAMへの風当たりが強くなっていることだ。新しいM&Aを実行しようにしても、米連邦取引委員会（FTC）をはじめ、世界の規制当局が厳しい目を光らせている。

ギリシヤの経済学者ヤニス・バルファキスは、とあるYouTube番組で『Techno-Feudalism & the Death of Capitalism（筆者訳：テクノ封建制と資本主義の死）』と題して、GAFAMのようなグローバルIT企業の問題点を指摘した。ちなみに、バルファキスは、ギリシヤが財務危機に陥った2015年に財務大臣を務めた政治家でもある。

バルファキスは言う。2008年のグローバル金融危機（日本で言うところのリーマンショック）で世界は変わった。中央銀行が過度に流動性を供給したため、それを背景にGAFAMが肥大化し、技術エリートによるテクノ封建主義が出現した。肥大化した企業は1つのアルゴリズムに支配される閉じた経済圏だ。これは、民主主義の死だ、と。

本書でもグローバル大企業を表現するうえで「荘園」という言葉を選んでいる。バルファキスは中世を示す封建制という語彙を使用したが、おそらく同じ感覚でGAFAMを観察しているのだろう。バルファキスの視点は社会主義的見地からの批評ではあるだろうが。いずれにしても、GAFAMの業績変調を見る限り、封建制支配だろうが、荘園地拡大だろうが、歯止めがかかっているところもあるようだ。

2023年以降、ESGと「21世紀の荘園」のどちらもが試練の時期を迎えるかもしれない。しかし、いつの世も試練を乗り越えながらイデオロギーは広まり、鍛錬されていく。

一本調子で広がってきたものの、ここにきて風向きが変わってきたESGと〝21世紀の荘園〟たち。我々は、これらとどのように付き合っていけばよいのだろうか。第5章で、私論を紹介する。

第5章

日本はESGを戦略的に活用できるか

1　ESGを戦略的に利用できる国家・企業

パワープレイを仕掛けるウォルマート

世界最大の小売業であるウォルマートもESG対応を急いでいる。しかし、日本企業に見られる「受け身のESG対応」ではなさそうだ。やらされ感でもない。

むしろ、ESG対応のよりハードルが高いレベルを達成し、同業他社が追いつけないような高みを目指そうという、強者によるパワープレイに見える。

2022年1月5日付英紙「フィナンシャル・タイムズ『モラル・マネー』」によると、同社が現在特に注力しているのは、第3章で紹介した脱炭素のスコープ3（サプライチェーン排出）だ。

多くの上場企業はスコープ1（直接排出）と2（間接排出）をまずクリアしようとする。スコープ3は達成が難しい。仮に到達できたとしてもサプライチェーン全体の話であり、抜本的なCO_2削減も容易ではない。

ただし、企業が排出するCO_2のうち65～90％をスコープ3が占めるという研究もある。

つまり、本質的なESG追求という観点で考えると、スコープ3に取り組むことが企業や産業界に求められている。

こうした状況下で、ウォルマートはスコープ3への対応（把握と開示）を行うと発表した。同社の売上高（2022年1月期）は5727億ドル（約70兆円）と巨大であり、小売業としては世界最大だ。巨大がゆえに、仕入れ業者、販売先の消費者ともに、おびただしい数にのぼる。スコープ3はウォルマートにとって、尻込みしたくなるような膨大な作業となるかもしれない。

スコープ3の把握や開示は簡単ではないだろう。だからこそ、ウォルマートは世界最大の小売業としての誇りをかけ、したたかに、戦略的に、今後の生き残りをかけてスコープ3の対応を行う。

ESG推進は世界規模の運動であり、いわば、イデオロギーである。イデオロギーは短期間で簡単にはなくならない。

1917年のロシア革命では、ユーラシア大陸にまたがる史上初の社会主義国家が誕生した。これをきっかけに、社会主義というイデオロギーは世界に広まった。100年を経た現在も、社会主義は生きており、前進と後退を繰り返しながらも、世界における存在感を保っている。

ESGも同様だ。先述したように、外部から様々な攻撃を受けて減退する局面もありうる。とはいえ、欧州を中心としたESG、サステナビリティへの牽引力は揺るがない。今後も国家・企業・個人を分断しながらも、社会における価値基準の1つへと昇華していくだろう。ESGが価値基準としての重要性を継続的に増していくことを見越して、ウォルマートはあえて、多くの企業にとって容易ではないスコープ3に挑戦するのだ。

スコープ3のCO_2を把握し、開示する。そして、バリューチェーン全体でCO_2を削減することで、世界におけるポジショニングを優位にすることを目指しているのだ。

ウォルマートに比べて規模やキャッシュフローで大きく及ばない同業他社は、現時点ではスコープ3への挑戦を躊躇している。費用対効果が不透明であり、仮に費用対効果で有意だとしても、必要経費が膨大だからだ。

ウォルマートがスコープ3を達成すれば、なぜ他社はできないのだという圧力が、機関投資家から浴びせられるのは当然の帰結だろう。いや、機関投資家だけでなく、一般消費者、取引先、地域社会からも同様のプレッシャーが浴びせられる。手元資金が豊富で、収益を生み出す力が強い企業にとって、ESGは同業他社を出し抜き、成長格差をより顕著で盤石なものとするブランディングツールにもなりうる。強者はパワープレイを今こそ仕掛けることができるのだ。日本で、ウォルマートと同様のパワープレイを仕掛けていくことができる企業はどれほど存在するのだろうか。

各企業はESGへの対応の巧拙を、市場や社会から観察される。そこで対応を間違うと命取りだ。反ESGと見なされれば、投資対象から外され、株式は売却される。株式の売却は、株価の下落につながり、買収対象としてカテゴリー分けされる。

反ESGを続ける限り、今後は買収対象の候補にさえなりにくく、株価は低迷し続ける可能性すらある。一般的な資本主義とは異なる国家（反ESGかどうかは不問）の資本のみが触手を伸ばす投資対象となるかもしれない。

ウォルマートの事例に見られるように、今後の強者の競争戦略は、ESG推進のベクトルに乗ることだ。ESGシンパな優等生が出現すれば、その他の同業他社はなぜできないのかというプレッシャーにさらされることとなる。産業間の比較も同様だ。必然的に収益性強化のための業界再編や経営の高度化が発生することになる。

バリューチェーン改善と業界再編

食品業界では、ひと足早く、バリューチェーン改善に向けた動きが始まった。それだけESG問題が、他業界よりも深刻だからだろう。例えば、チョコレートの原料となるカカオ豆は過酷な児童労働を前提としており、長年、改善が叫ばれてきた。

2018年、世界の流通・食品大手約400社が参加する国際団体「ザ・コンシューマー・グッズ・フォーラム（CGF）」は、強制労働排除に向けた原則を採択した。スイスのNGOは、フェアトレード認証やレインフォレスト・アライアンス認証だけではなく、各企業が第三者検証プログラムを導入することを推奨している。同国に輸入されるすべてのカカオ豆が「持続可能なもの」になることが最終目標という。

日本においても、農林水産省が食品産業のサプライチェーンにおける人権保護を促す政策を発表した。

2022年3月21日付「日本経済新聞」朝刊の記事によると、農林水産省は児童労働などが指摘される西アフリカ・ガーナなどの生産現場に専門家を派遣し、現地の状況の把握を開始する。日本政府も、取引先の状況を調べる「人権デュー・デリジェンス」の指針を作る方針という。

アパレル業界が今後の重要な監査対象という声も聞く。アパレル業界は過去30年で構造変化した。変化は先進国にメリットを、途上国に問題をもたらした。それは言うまでもなく、ファストファッションやEコマースの台頭のことである。

ファストファッションやEコマースの躍進で、先進国でのアパレル製品の価格は大きく下落し、消費者は果実を得た。日本での価格は過去30年で半値となった。

と同時に、アパレルの大量生産・大量消費は環境に負荷をかけた。先進国内から途上国に「外部化」された大きな不経済の典型例と言える。

欧米ではESGの観点から、アパレル業界に関する議論が深まっている。2015年のドキュメンタリー映画『ザ・トゥルー・コスト～ファストファッション 真の代償～』など、ファッション業界の裏側を主題とした動画制作も近年行われている。

映画の舞台は、2013年のバングラデシュだ。アパレル工場が入居している大規模ビルは建物自体の構造に問題があった。果たしてビルは崩壊し、ビル内の工場で働く多くの若い女性が犠牲になった。この悲劇については、ファッション誌でも特集がたびたび組まれた。

環境省によれば、日本では1人当たり年間18点のアパレル製品が購入される。一方、年間12点が手放され、タンスには1年間で1回も着用されないものが25点眠っている。生産段階での余剰、売れ残り商品、廃棄商品、タンス在庫。アパレル余剰は根が深い。アパレル余剰は、最終的には途上国で焼却され、CO_2を排出するだけだ。

アパレル業界に限らず、多くの産業で、グローバルに広がったサプライチェーン全体の改善に取り組む時期にきた。各商品が、どの工場で製造され、どのロジスティクスで運ばれたのか。商品タグに出自情報をQRコードで付与し、トレースできる状態にする。ESGに反した工場や業者がサプライチェーンに含まれていないかをチェックする仕組みが必要となる。

これらは短期的には産業や企業にとってコスト上昇要因である。ESGの尊重が重要な時代において、各産業や企業は、コスト増をまかなえる付加価値のある商品を生み出すべきだ。生産やロジスティクスをグローバルで分担して、商品を低価格化していくという過去数十年とは、全く異なる戦略が問われる。むしろ、バリューチェーン全体のESG的観点からの健全性を維持向上させ、それによるコスト増を補って余りある付加価値を提供すべきなのだ。

それが困難な企業はバリューチェーンから退出する。あるいは、バリューチェーンの中での再編に飲み込まれていくことになる。

こうして考えると、今後の企業統合やM&Aは、同業同士ばかりとは言えない。筆者の松岡は、2019年に上梓した『持たざる経営の虚実』で、バリューチェーンにおいて、自社の川上あるいは川下の企業との「境界統合型」のM&Aが増加すると予想した。仕入れ先（川上）や販売先（川下）との「取引コスト」を減らすことで、バリューチェーン全体のフローに影響を与えず、収益性を高めることができるからだ。

ここで言う「取引コスト」とは、取引先からの仕入れコストといった直接的なコストを指すものではない。本章の最後で主張する重要な論点でもあるので、ここで詳述しておく。「取引コスト」は経済学者のオリバー・ウィリアムソンが著書『取引コストの経済学（Transaction Cost Economics）』で普及させた概念である。

取引コストとは、企業の経営全般、運営全般に関わる費用と定義される。他社との取引を行う際、企業は計画の立案、情報収集、経営としての意思決定を行う。場合によっては、計画変更、紛争解決の費用も考えておかなくてはならない。売り切り型の商品でない場合、商品やサービスを販売した後も何らかの費用が発生するかもしれない。

つまり、取引コストとは、企業運営そのものに関わる費用全般を指しており、最重要な要素と言える。取引コストの減少が何らかの形で実現すれば、企業活動は大きく増進されることとなる。規制緩和はこの文脈で理解されるべきであるし、企業間の情報交換の円滑化も同様である。

ESGへの取り組みで発生するコストアップは、取引コストの削減という観点から、バリューチェーンの見直しを加速させる。今後は、ESG対応と、その結果としての企業統合や利益率確保という上方スパイラル運動を何度も繰り返しながら、産業は再編され、企業は研磨されていく。これがグローバルで連続して行われる。対象は上場企業だけでない。非上場企業への人・モノ・金の流れも変わる。

ESGを起爆剤に、大きな産業再編が行われ、世界の産業の風景は一変することだろう。

ソフト・パワーとしてのESG

ニューヨーク市は、市で管理する年金基金において、米エクソンモービルや露ガスプロムなど260企業を投資対象から外した。イタリアの高級ブランド、ドルチェ&ガッバーナは、2022年からすべての製品で動物の毛皮の使用をやめる。エコファーの品質が上昇してきていることもあり、ジョルジオ・アルマーニやグッチなど他の著名ブランドも毛皮の使用中止を表明している。

日本のNTTグループでは、役員報酬の一部である賞与に、ESGへの取り組みに関する評価を反映させるという。女性管理職の割合、脱炭素、協業ビジネスによる社会貢献、といった3つの指標で役員約200人を評価する予定だ。

明確にESGに大きく舵を切っている国家（政府）、企業からは、ソフト・パワー（Soft Power）としてのESGの強さが感じられる。ソフト・パワーとは、国家が、国際社会からの信頼や発言力を獲得する力の一種だ。伝統的なパワーは、軍事力や経済力などのハード・パワーだった。それに対し、その国の有する文化や価値観全般をソフト・パワーという。ハーバード大学ケネディスクール教授のジョセフ・ナイがその提唱者である。

欧州発のESGというソフト・パワーは、程度の差こそあれ、世界中の国家、企業に多大な影響を与えている。第2章で紹介したように、資源国である米国では、各州の資源依存度によって州間での分断が生じたり、投資家のESGへの関心が薄れたりなど、欧州のソフト・パワーの限界も見られる。

しかし、非資源国である日本では、欧州のソフト・パワーに耳を傾けざるを得ない。

仮にESGのソフト・パワーが減退しても、1人ひとりがユニバーサルオーナーとして株式市場や機関投資家という船に同乗させられている事実は変わらない。個々人の年金や預貯金は機関投資家を介して株式市場に流入し、最終的には企業の財務を支えている。

株式市場が暴落しようとも、地球温暖化に反証が挙げられようとも、1人ひとりがユニバーサルオーナーの地位を降りない限りは、ESGというイデオロギーとそれを梃子にした金融システムと同居するのが合理的なのである。

第4章で触れた米国の1920年代の状況を振り返るにつけ、ESGは短期的に好不況の影響を受ける。しかし、長期的に見れば、我々人間の理性はESGの各要素を進展させてきた。ここは人間の理性を信じ、長期的な流れにコミットするのが非資源国である日本の合理的な選択だろう。

格差に配慮したESGの取り組みが求められる

国家や企業と比べて、個人のESG的行動規範はどうなのだろうか。日本ではデータを見る限り、年代別のばらつきが見られる。

電通マクロミルインサイトの「エシカル消費　意識調査2022」によると、「エシカル消費を知っているか？」という問いに対して、「意味まで知っている」「名前は知っている」と答えた比率は2年前に比べて大幅に上昇している（次頁上の図表5―1）。

エシカル消費についての認知度という点では、女性は年代別で差がなく、まんべんなく

図表5—1　「エシカル消費」の認知度（各年代とも左が2020年、右が2022年）

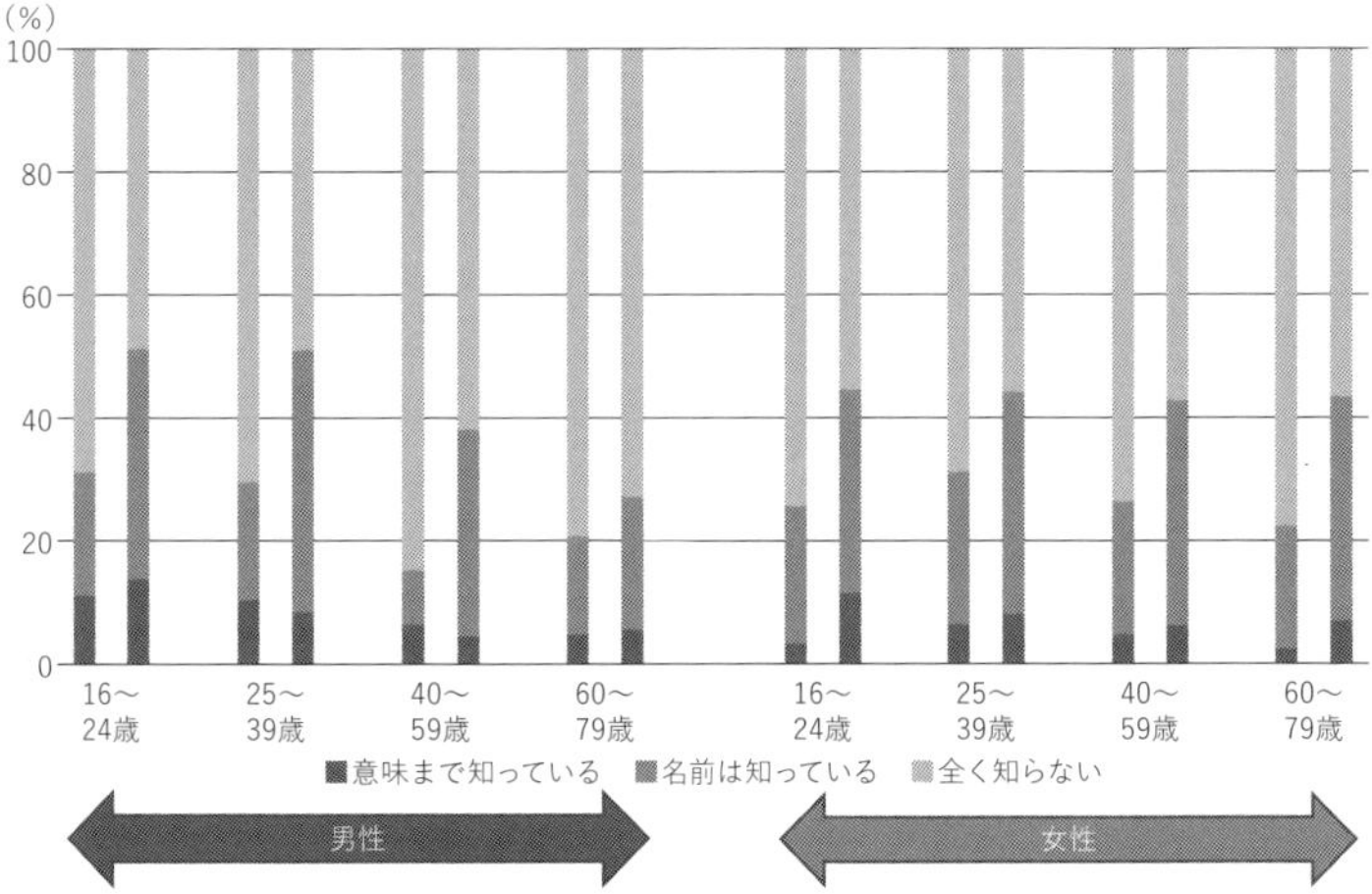

出所：電通「エシカル消費意識調査2020」をもとにフロンティア・マネジメント加工

図表5—2　「エシカル消費」実践への意欲（各年代とも左が2020年、右が2022年）

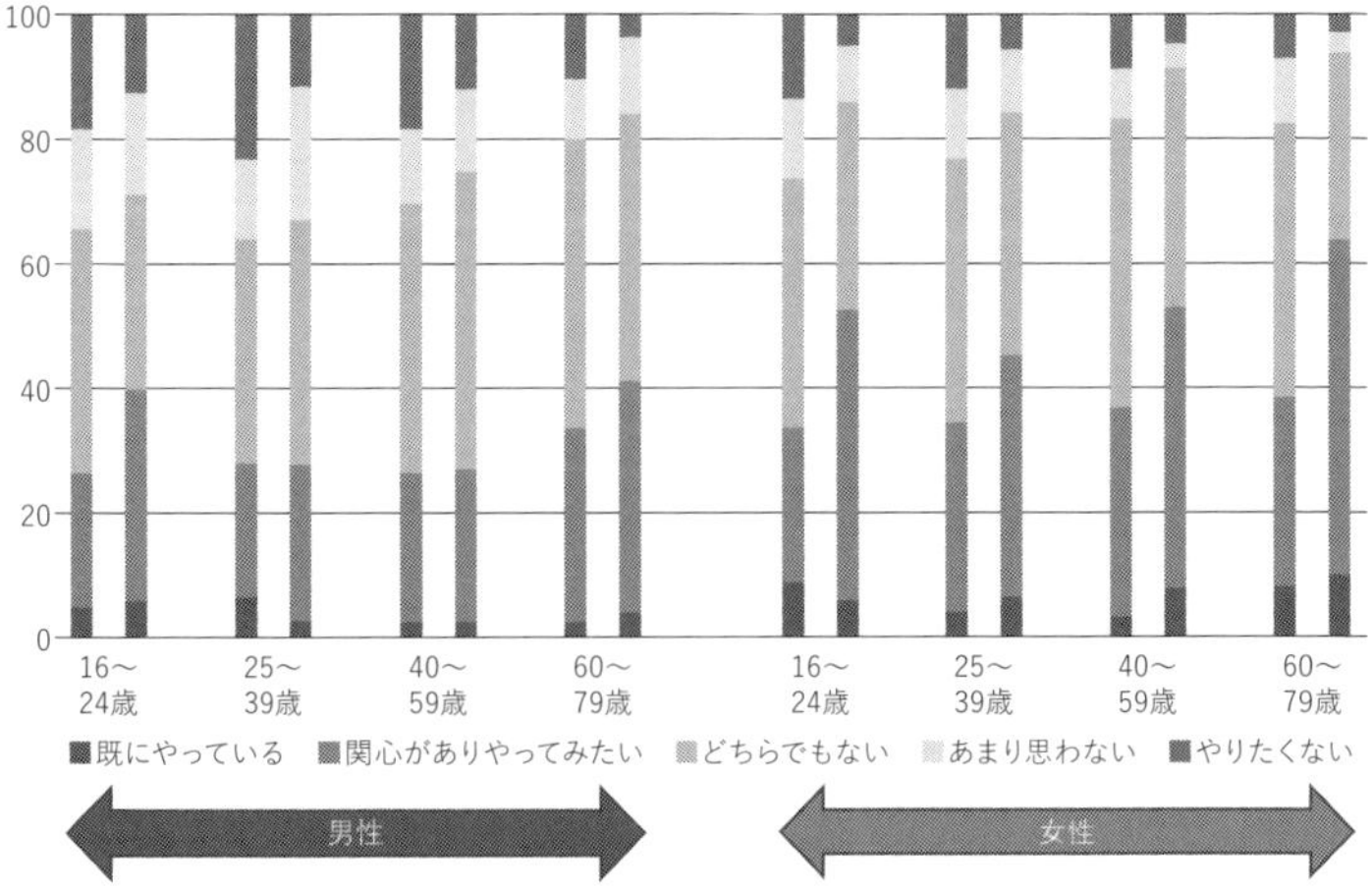

出所：電通「エシカル消費意識調査2020」をもとにフロンティア・マネジメント加工

高い比率となっている。一方、男性は年代別に差があり、年齢が上昇するほどエシカル消費への認知度が低いことが分かる。

認知度は上昇してきているものの、エシカル消費を実践する意欲については、まだら模様の結果となっている。

同調査によると、「エシカル消費を日常生活に取り入れたいですか？」という問いに対する各年代別の回答は、図表5―2のようになっている。

男女別で見ると、どの年代も男性よりも女性の方が高い比率でエシカル消費の実践への意欲が見られる。年代別で見ると、いわゆるZ世代と呼ばれる若年層と、60歳以上の高齢層という対極的な年代で、エシカル消費の実践に対する強い意欲が観察される。

Z世代がエシカル消費の実践に強い意識があるのは、これまでのサステナビリティ重視の教育によるものだろう。60歳以上の層から見られるエシカル消費への意思も、彼らの若い時の経験に紐づいているのではないかと推測する。現在の60歳以上の層は、50年前は学生あるいは社会人になりたてだ。当時のオイルショックの世相を、敏感な若い感性で強く感じたのではないだろうか。

注視しておかなくてはならないのは、エシカル消費の認知度は上がっているものの、若年層を軸にエシカル消費の実践に否定的な層も一定程度存在するという事実だ。

現時点ではエシカル消費の対象となる商品やサービスは、一般的に価格が高い。家計制

図表5—3　日本の核家族の内訳

世帯主の年齢	核家族合計（千世帯） (A)	夫婦のみ	夫婦と未婚の子 (B)	ひとり親と未婚の子 (C)	シングルマザー・ファーザー比率 (C)/(A)	(C)/(B)
20～24歳	79	27	37	15	19%	41%
25～29	536	195	285	56	10%	20%
30～34	1,392	275	1,020	96	7%	9%
35～39	2,157	303	1,680	174	8%	10%
40～44	2,873	359	2,224	290	10%	13%
45～49	3,135	509	2,220	406	13%	18%
50～54	2,847	635	1,818	393	14%	22%
55～59	2,636	892	1,378	366	14%	27%

出所：「2019年国民生活基礎調査」よりフロンティア・マネジメント作成

約がある場合は、エシカル消費を認知したとしても、実践は容易ではない。家計制約がある層に対して、教条的で急進的なESG推進の押し付けをすると、かえって社会の不安定性を上昇させる可能性がある。

実際、家計制約があると推測される世帯は増えており、ESGの取り組みは現存の格差への配慮が必要である。例えば、シングルマザーやシングルファーザーの家計を見てみよう。図表5—3は、世帯主の年齢別で見たひとり親比率を表している。

表中では（C）の「ひとり親と未婚の子」と分類されている世帯を、シングルマザー・ファーザーとみなす。日本の「核家族合計」（A）に対するシングルマザー・ファーザーの比率は、30代が世帯主の世帯を除くと10％を超える。20～24歳が世帯主の世帯でみると19％である。同様に、「夫婦と未婚の子」（B）の世帯と比較すると、20代の若年世帯と40代以上の中年層でシングルマザー・ファーザーの比率が高いことが分かる。

いずれにしても、世帯主が若年層ほど、シングルマザー・ファーザー比率が高い。彼らの家計制約は大きいと推測される。

実際、少し前になるが厚生労働省の「全国ひとり親世帯等調査（2016年）」によると、シングルマザーの年収は200万円であり、なかでも未婚のシングルマザーの年収は177万円とさらに厳しい。ちなみに、シングルファーザーの年収は398万円であり、こんなところにもジェンダー格差が影を落とす。

彼・彼女らは、エシカル消費を認知したとしても、毎日を懸命に生きる中で、エシカル消費の実践をしていくのは現時点では容易ではないだろう。

第2章で詳述した通り、ESGにはアフォーダビリティが必要だ。金銭的余裕があってはじめてESGができる。だからこそ、金銭的に余裕がない個人はESG的な消費（エシカル消費）にお呼びではないことになる。

ESGは欧州発、しかも金融業界で育成されたイデオロギーであることは繰り返している通りだ。エリート臭が漂い、道徳的、規範的でもあり、教養・教育・所得・資産などで比較的恵まれた人たちや金融業界で過去に活躍していた人たちが、旗振り役をしている。

やはり、ESGは贅沢品なのである。

環境や人権に配慮している商品を積極的に買う層とその反対の商品を買う層。意識が高いESGシンパの多くは比較的恵まれた層だ。アンチを責めたり、追い込んだりすることは得策ではないし、英国市民革命における清教徒になってはならない。

ESGの究極目標の1つは、格差の解消であり、それに伴う社会の安定性である。アンチを必要以上に精神的に圧迫することは、社会不安の勃発を惹起しかねない。

少し前になるが覚えている読者もいるだろうか。2007年1月号の雑誌『論座』に、低賃金のフリーターをしている赤木智弘による『「丸山眞男」をひっぱたきたい――31歳、フリーター。希望は、戦争』という論考が掲載されて当時、話題になった。フリーターの赤木からすれば、平和な現代社会は屈辱の継続であり、失うもののない自分にとって戦争状態こそがチャンスだという論考だった。

丸山眞男とは東大卒の大思想家である。彼が陸軍に徴兵された際、無学であった上等兵から暴力のハラスメントを受けていたことからの連想で、上述の題名になったと思われる。赤木らにとってみると、戦争でエリートの丸山らがひっぱたかれる世界こそ、希望が持てる世界なのだ。

第1章では、「r＞g」というピケティの不等式を紹介した。rは資本収益率、gは経済成長率である。不等式ゆえ、通常の世界では、資本収益率は経済成長率を上回る。資本を持つ富裕層の富の成長が、経済全体の成長（資本を持たない非富裕層の平均的富の成長）より高いという状態が、世界史において証明されている。しかし、ピケティも指摘している通り、歴史的にこの恒等式が逆になるタイミングがある。それは戦争発生時だ。赤木の叫びとピケティの分析には一致性が見られる。

ESG推進は、今後も主要先進国のある種の義務であり、程度の差や強弱の変化はあるものの、当面は継続していくだろう。重要なことは、ESGを広く社会で進めていく際に生まれる格差や分断に対するセーフティネットの設置であり、社会不満の低減である。

リスボンでの国際会議にて

本書の執筆中である2022年11月半ば、筆者の松岡はポルトガルのリスボンに向かった。経営コンサルティングやM&Aの専門ファームが集まる国際会議に出席するためだ。会議は3日間の日程で開催され、約20カ国から計50名の参加者が集まった。

会議の主目的は、国際的なビジネス機会を参加者が相互にシェアすることだ。筆者にとっては、各国のビジネスパーソンがESGをどうとらえているかを探る好機でもある。

彼らとは既に何年にもわたる関係を築いており、初対面で名刺交換をするような相手はいない。本音が聞ける可能性に胸が高鳴った。対面での会議の醍醐味は、プログラムの合間に設けられたコーヒーブレイクの時間にある。1対1でのカジュアルな話ができる。リモート会議ではこれができない。

手始めに、フランスからの若手参加者と話してみた。彼は、ABBやトタルなど欧州の伝統的大企業において、ビジネスモデルが環境対応型に転換している現状を、熱っぽく語り続けた。

「地球温暖化の科学的根拠への懐疑や、今年に入ってからの環境関連株の下げについて、どう思う？」と質問すると、彼の顔はみるみる赤くなった。普段穏やかな彼が気色ばみ、「温暖化の根拠は十分だ。株価下落は一時的な株式市場の間違いだ！」と怒り始めた。

虎の尾を踏んでしまったようだ。

若手フランス人とのコーヒーはこれぐらいにして他を探そうと思った矢先、化粧室の前で彼の上司である中年フランス人に捕まった。

先ほどの彼を怒らせてしまったことを詫びたところ、「今のフランスはそんな感じだ。北欧はもっと急進的だよ。南欧はマイルドだけど」と言われた。「若い人たちはESGへの志向が強く、日頃のビジネスや生活で私も色々と注意を受けるよ」と苦笑した。

翌日は趣向を変え、ブラジル、インドからの参加者と話してみた。この日は、エジプトでCOP27が行われ、ブラジルの新大統領がスピーチを行ったばかりだった。

ブラジルの参加者は「新大統領は色々と言うけど、国民は本音では石油の消費を減らそうなどとは思っていない。南米の他の資源国も同じだろうね」と語った。むしろ、「地球の肺」と呼ばれるアマゾンという〝新たな資源〟をどうレバレッジするかを考えている。アマゾンが吐き出す酸素を金融商品にして、ブラジルの経済戦略をアップデートしたいのである。

ブラジルの国土は広い。多くのブラジル人にとってアマゾンはあまりに遠くに位置しており、同じ国のこととは思えないらしい。彼は「おそらくブラジル人のほとんどはSDGsって言葉、知らないと思うよ」とも付け加えた。

インド人に聞いても、SDGsもESGもあまり一般には浸透していないという反応だった。一方の地球温暖化については、多くの時間を使って話をしてくれた。インドには土地がいくらでもあるから太陽光には多くの企業が参加してきていると。ただし、都市部を含めて中間層の下層、あるいは貧困層がインドには多く、ESGのEやSを推し進めるのは簡単ではないと嘆いた。社会が壊れてしまっては元も子もないからだ。

会議の最終日には、中国と米国の参加メンバーと話すことができた。

中国からの参加者は「中国は、2030年までにCO_2排出量がピークに達するよう努め、2060年までにカーボンニュートラル（CN）にする」と語った。これは、2020年9月国連総会で習近平が語った内容と同じである。日本をはじめ主要先進国のCNの目標は2050年だ。中国はそれより10年遅れの2060年をターゲットとしている。これは意味深長でもある。

主要先進国が2050年にCNを達成できれば、その技術を中国も導入する。中国は2060年にCNを達成できる。一方で主要先進国が2050年に達成できなければ、中国も2060年のCNという目標を反故《ほご》にできる。やはり、中国は負けないゲームをする。

一方、ESGのSについて質問してみると、クリアな答えは返ってこない。リスボンから帰国後、日本在住の中国人に聞くと、「Sの深掘りは人権や人種差別の話になる。少数民族を多数抱える中国では、Eは教育できても、Sは簡単ではない」と解説された。

会議が終わる直前のコーヒーブレイクで、米国人とようやく話ができた。2022年秋の中間選挙の結果を受けて米国のESGは変化するかという質問を投げかけた。

彼の反応は、「既に米国は様々な分断が進んでいて、ESGへの賛否も同様に大きく分かれている。今回の中間選挙でこの分断は何も変わらない。むしろ、バイデンはやりにくくなるのではないか」というものだった。

加えて、「ESGは欧州主導なので、米国としてある程度のお付き合いはする。しかし、それ以上でもそれ以下でもない。日本も同じではないの?」という抑制的で、重みのある言葉を吐露された。

各国には各国のESG戦略がある

帰路の機上で、各国からの参加者の言葉を改めて思い出した。感じたのは、SDGsが多用されている日本で取り組まれているESGとのズレだった。

「日本も同じではないの?」という米国人の言葉が頭から離れない。

日本は明治維新時に欧州から様々な制度を導入した。音楽、文化、思想も同様だ。欧州には手本があり、日本が到達すべきゴールがあった。第二次世界大戦後は、米国からの導入が中心となった。米国に日本にとっての手本とゴールがあった。

現在日本で普及するESGあるいはSDGsにも、同様の図式が透けてみえる。環境専門家、人権専門家、ESG専門家に宗旨替えした元金融関係者らが、手本やゴールとなる「欧米のスタンダード」と現在の日本の差異を埋めるべく奔走する。

そこには、日本独自の戦略的な動きはあまり明確になっているようには見えない。ESGやSDGsには世界共通（あるいは欧米）の手本があり、後発であるわが国は、その実現のための課題を1つひとつこなす。

ESGは、外在する手本やゴールを「受け取る」ことで実現されると誤認されている。プラトンの言う「イデア」のように欧米のESGが神の世界に存在し、日本もそれに近づいていこうという構図でもある。

リスボンで話した多くのビジネスパーソンの態度は異なる。

各国には独自の国家戦略がある。企業にも独自の経営戦略が、個人にも独自のライフスタイルがある。ESGはそれらに影響を与えて変容を促すが、一方でESG自体もそれらから影響を受けて変容する。

第1章の結びで、ESGは我々も含めたユニバーサルオーナーとその代表者である機関投資家のためにあることに触れた。金融大国シンガポールの態度は、まさにそれを体現する。同国では世界から資金を集めるため、投資家を中心にＥＳＧに取り組んでいる。しかし、投資先や貿易先である他の東南アジアの国にＥＳＧを過度には求めない。現実的ではないし、経済合理的でもないからだ。

彼らからは、自らの生き方の主軸をぶらすことなく、ＥＳＧを包摂した新しい未来をプロアクティブ（能動的）に創造していく姿勢や戦略性が感じられる。彼らにとってのＥＳＧは、国家・企業・個人がＥＳＧの視点を盛り込んだ思索を行い、自らの意思で「創造する」ことで実現されるものだ。

インドも中国も社会の安定性を喪失してまでＥＳＧのＳを進めようとはしない。ブラジルも米国も、自らが保有する天然資源をいかにうまく利用するかという視点を失くさない。フランスは、ロシアのウクライナ侵攻でエネルギー問題が深刻化しても、ＥＳＧのＥの推進に微塵の揺らぎもなく、凛としている。

ＥＳＧのひな型を「受け取る」ことに汲々とする日本と、自らのＥＳＧを「創造する」気概をなくさない他の国々。日本でもＥＳＧを「受け取る」姿勢から、「創造する」姿勢への転換が求められるのではないか。それが筆者の持つ問題意識だ。

日本で取り組みが進展しているＥＳＧの方向性に水を差すつもりはない。むしろ、日本企業、特に伝統的大企業が再浮上していくためには、ＥＳＧへの対応をしっかりと行い、ビジネスモデルを転換していく必要があると感じている。

大事なことは、国家も、企業も、個人も、自らの軸を持ち、ＥＳＧを自分なりに咀嚼し、自らの戦略を「創造する」ことだ。これは、世界の投資家から求められた宿題を1つひとつこなしていくという、日本企業の受動的な姿勢とは、根本的に異なる行動規範だ。

リスボンから日本への直行便はないため、ロンドン・ヒースロー空港経由で帰国した。リスボンからロンドンに向けてポルトガル航空に搭乗した時のことだ。次のような機内アナウンスが流れた。

「Ladies and Gentlemen《レディース・エンド・ジェントルマン》…」

米国のジェンダー観の影響だろうか、日本の航空会社でも既に英語の機内アナウンスから「Ladies and Gentlemen」という言葉は消えている。日本や米国の機内アナウンスは「Dear Passengers《ディア・パッセンジャーズ》」が主流だ。ポルトガル航空の機内アナウンスは、２０２２年11月時点で変更なし。

こういう違いにわざわざ気づく筆者自身、米国の「ポリティカル・コレクトネス（ここでは、女性に不快感や不利益を与えないように意図された政策や対策という意味で使用している）」に注意を払い過ぎているのかもしれない。ただ、ＥＳＧのＥに敏感な欧州が、Ｓについては米国よりも感度が低いように感じられた。

会議が行われたリスボンでのディナーでも、環境問題で怒らせてしまった若いフランス人が、美しく着飾った同僚女性の化粧やドレスを面前でからかっていた。「それは、セクハラにならないの？」と私がささやくと、彼はすぐさま「なぜこれがセクハラなの？　大事なコミュニケーションじゃないか！」と反論した。同僚女性もさほど気にしていない様子で談笑している。

また、虎の尾を踏んでしまった。

ジェンダーに関する〝ポリコレ〟に敏感な米国。ＥＳＧのＳに関して、米国の強い影響を受けがちな日本。欧州におけるＥへの強い関心。日本は、欧州からも強いＥの影響を受ける。

日本のＥＳＧをどう戦略的にとらえていくべきか、国家・企業・ビジネスパーソンそれぞれに求められている。

2 プロトコルとしてのESG

「物語」が共同体を成長させた

原始的な音楽や壁画の誕生は、先史時代の人類が持っていた死への恐怖が背景にあったと聞いたことがある。

この時代は、夜のとばりが下り、洞窟などで夜を過ごすと、無音になる。かがり火で照らした洞窟の壁も無表情だ。現代で言えば、映画『マトリックス』の白い空間のイメージかもしれない。

先史時代の人々にとって、無音で無表情の空間は「死」と同じと認識されていたようだ。「無」は「死」だった。生きていることを実感するため、足を踏み鳴らし、何かを叩き、音をたてた。こうして原始的な音楽が立ち上がった。

壁画も同様のようだ。まっさらな壁は「死」の空間で、先史の人類にとっては恐怖を覚えるものだった。そこで、昼間の日常を生き生きと洞窟の壁に描いた。夜でもかがり火で照らせば自分たちの生活がそこにある。自分たちは生きている。

音楽、絵画といった芸術の誕生理由を断定することは困難だが、この説には一理あるように感じる。

思考や思索という我々の精神活動も同じではないか。

大脳を発達させた人類は時間の概念を獲得した。もし、我々の精神空間が「無」であれば、それは「死」と同じである。音楽や壁画で生活空間に彩りを与えたように、精神空間を豊かにするため、人類は様々な思考や思索を開始した。

そして、それを他者と共有する。

思考や思索は他者と共有されていく過程で、原始的な物語（原始的な宗教）を形成していく。原始的な物語を共有し合える相手は、ある種の信頼関係を構築することが可能となる。継続的な交流が生まれ、共同体としての拡大再生産が行われる。

『サピエンス全史』の著者ユヴァル・ノア・ハラリは、人類が文明を築く過程で「物語」が重要な役割を果たしたと主張する。

初期の人類はせいぜい10名や数十名の群れで生活していた。生活水準を高度化していくためには、他の群れとの交流や物々交換が必須だ。他の群れと協力して、狩猟採集を行うことで獲得できる果実も大きくなる。

しかし、相手が信頼できる群れなのかどうかを確かめる術《すべ》が必要だ。

その際、「物語」が大きな役割を果たした。「北の星からやってきた神様」というような物語があったとする。それを相手は共有して、同じように信じてくれるだろうか。季節がめぐり、農作物の恵みを得られるのは、太陽の神のおかげだ、という物語を共有してくれるだろうか。

初期の人類はこうした原始的な物語を共有しながら、共同体同士の交流や物々交換を行い、群れを大きくしていったと考えられる。こうした過程で、原始的な宗教、原始的な文化が生まれていった。

共同体同士の交流を円滑にしたのは「物語」だ。先に紹介した「取引コスト」の低減が「物語」によって実現されたと言える。

その後、人類の文明が高度化していく過程で、キリスト教など宗教が「取引コスト」の引き下げを実現させた。同じ宗教を信じている同士であれば、物品の交易、共同体を超えた婚姻を許可するというわけだ。

プロトコルは取引コストを引き下げる

全く知らない人、見かけや肌の色も全く自分と異なる人、言語や文化がおおよそ同じではなさそうな人。こういう相手と、物品の交易、金銭の貸与、近親者の婚姻を進めることは容易ではない。相手がそもそも同じ論理で話せる相手かどうかも分からない。相互の信頼関係の構築も必要だ。

その際、有益なツールとなるのが「プロトコル」だ。

「イントロダクション」でも述べたように、「プロトコル」とは、外交儀礼で使われる「お約束ごと」を意味する。

相手の文化水準や一般常識の有無は、プロトコルと呼ばれる慣例や慣習への理解の有無で判断することができる。現代で言えば、異なる国家同士で会合をする場合、列席者の序列や服装、国旗の取扱い、話の論理展開や言い表し方などがプロトコルとなる。

先史時代のプロトコルは、共有可能な物語であり、原始的な宗教だった。古代から中世はキリスト教など宗教がプロトコルの役割を果たした。近代では、法律、制度がプロトコルとなった。プロトコルは取引コストを引き下げ、異なる経済主体同士の取引を活発化させる効果がある。

先進国であればあるほど、プロトコルへの理解度が低い国との外交は限定的かつ抑制的になる。場合によっては拒絶さえする。企業間も同様である。プロトコルへの理解度が低い企業との付き合いは限定的となる。

必要なプロトコルは、取引対象（婚姻による共同体構成員の交換はここでは捨象する）によって高度化、複雑化する。

原始的な世界であれば、交換されるものは狩猟採集されたものが中心だっただろう。ちょっとした物語が共有されていれば十分だ。時代の変遷とともに、交換されるものの価値は高くなり、必要とされるプロトコルも高度化した。

農作物、ワイン、織物、手工芸品などが古代から中世にかけての取引対象であったが、産業革命以降はより高価で複雑に製造されたものが取引されるようになる。アフターサービスも必要となる。すると、宗教だけではプロトコルの役割を十分に果たすことができず、国民国家として制定する法律や制度がプロトコルの役割を取って代わった。

産業機械、自動車、テレビ、パソコンの取引において、宗教をプロトコルとして実行するのは難しい。相手がまともな法治国家で、契約に沿ってビジネスができる相手かどうかという視点で試され、取引の可否が決定される。

経済のグローバル化が進展することで、互いに相手に求めるプロトコルのレベルも高度化する。ＥＳＧを積極的に推進するグローバル企業から見ると、取引はしたものの後々それが児童労働で製造されていたと分かれば、彼らの株主やステークホルダーから厳しい追及を受ける可能性がある。

グローバル経済をベースに他国と取引するのであれば、他国にも同水準のＥＳＧ対応レベルを求めるという論理だ。この意味で、ＥＳＧ対応は、国際間取引におけるプロトコルと言える。

経済のグローバル化によって、異なる経済主体で取引されるものもさらに高度化した。究極の取引対象は国をまたいだ企業そのものの取引であり、いわゆるＭ＆Ａだ。国をまたいだM&Aは、金融の世界では「クロスボーダー（国境をまたいだ）」M&Aと呼ばれる。

企業の取引とはいうものの、企業は従業員の塊である。非製造業であればなおさらだ。今行われているクロスボーダーM&Aとは、人間の塊の取引なのだ。企業統合が行われれば、全く異なる国の従業員とともに仕事をすることになる。いきなり、隣の席で他国出身の人が働くことも日常となる。

その際に、人権尊重、ジェンダー平等などESGの基本ができている従業員の塊なのか、そうでないかは、M&Aにおいても論点となりうる。

ESGというプロトコルは欧米の金融業界が由来である一方、日本企業はSDGsという微妙に異なるスローガンを軸にサステナビリティを追求してきている。ESGの今後については好不況の影響を受けるとはいえ、日本企業はなかばお飾りのSDGsから脱却し、ESGというプロトコルを使って、欧米企業と同じ地平に立っておいて損はない。

BRICsはもういない

一時期、BRICsという言葉が流行した。ブラジル、ロシア、インド、中国の4カ国の頭文字を合わせた造語である。米ゴールドマン・サックスが、2003年10月に発表したレポート「Dreaming with BRICs: The Path to 2050」で初めて使用され、世界に広まった。当時は、この4カ国の経済成長に世界の視線がくぎ付けになった。

現在、ESG視点でこれらの国はどうだろうか。

ロシアは議論の対象でさえない。ブラジルは天然資源国であり、アマゾンも含めた資源というカードを使った経済戦略に出てくるだろう。インド、中国はESGのSの視点で、必ずしも欧米の推進するESGを満たすことは困難だろうし、彼らもそれを目指さないだろう。今ではもう誰もBRICsの話はしない。

これらの国を捨象すれば、欧米以外の国として最も欧米化が進み（良い意味も悪い意味も含めてだが）、一定以上の教育レベルを持った1億人以上の人口を抱えるのは日本だけだ。会社法などビジネスを進めていくうえでのルールの制定も済んでいる。治安も良く、中間層も安定している。ESGは客観的に見て、日本にとっては世界経済で改めて台頭するチャンスを付与するものではないだろうか。

ESGを企業にとっての新たな負担という見方をするのは適切ではない。プロトコルとしてビジネスをしやすくするものと改めて認識すべきと考えられる。

Eの推進を目指して、世界中の国家が想定を上回るペースで脱炭素を進めている。『地球に住めなくなる日』を著して破滅的な環境を世間に訴えたウォレス・ウェルズさえも、当初心配していたほどには世界の気温は上がらないと言い始めた。

第2章で紹介したように、天然資源国は、パワーゲームの強力なカードとして、天然資源を持ち続けたい。ＥＳＧにそれほど協力的にはならない。世界は、ＥＳＧのＥとどこかで折り合いをつけていくだろう。日本はそもそも天然資源に乏しく、原子力も含めて欧州とエネルギー政策では足並みを揃えやすい。

Ｇについては、各国政府による企業統治の強化と金利の上昇が鍵だ。既に主要先進国ではコーポレートガバナンス・コードが導入され、株主による経営者の監視が強化されている。長く続いた低金利も徐々に上昇を始めている。

このところ日本では、倒産件数が過去30年で最低水準に低下していた。しかし、金利の上昇とともに、業績不振企業が再編に巻き込まれるだろう。企業数の低下や業界再編は供給余剰を減退させる。商品やサービスの需給バランスはタイトになる。企業収益は上昇が見込まれ、Ｇの問題は改善する。

日本企業にとってＥＳＧで残る大きな論点はＳではないだろうか。

多様な人々と交渉できる高いコミュニケーション能力や創造性を持つ有能な人材と彼らを採用したい企業との関係性においても、ＥＳＧはプロトコルとして機能する。優秀で創造性が豊かな人間ほど、活力のある環境に身を置きたくなるものだ。自分が日々刺激を受け、切磋琢磨するからだ。硬直化して、同質化された組織で働きたいとは思わない。

人間は五感を通じて得た情報をもとに思考するがゆえに、その環境に左右される生き物である。島国である日本は、日本語という参入障壁を維持してきたこともあり、独自の文化を築いた。それは日本と日本企業の独自性の源泉でもあり、武器でもあるが、一方で、その強みは凝集性を強めすぎ、むしろ弱みともなって、多様な情報、価値観を退けがちでもある。一部に見られるSDGs運動の過熱はその弊害と言えなくもない。

世界が相互に依存し合う21世紀の経済社会環境において、企業を持続的に成長させたいのであれば、国籍だけでなくLGBTQなど多様な価値観を持つ人材を招き入れ、多種多様な専門家や情報との接点を持ち、多面的に物事を分析できる環境を意図的に作る努力が欠かせない。グローバル荘園はそうした機能を保持している。

ただし、多様な人間が活躍できる組織づくり、企業づくりは、簡単ではない。既得権者たちが、それを望まないからだ。

だからこそESGの中で、Sが論点として残り続ける必要がある。

情報がフラット化した21世紀において、産業や企業の成長を生むのは優れた人材だ。ESGに関する言説が世界中に溢れ、各企業はそれに対応する。この過程で、彼・彼女らは、どの国家で働くことが魅力的か、どの企業で働くことが自分を高められるか、成長実感を持てるかを、以前よりも明確に見極められるようになった。

ESGは、この意味で、時代が求める人材による企業選別のふるいにもなる。企業側からすると、彼・彼女らに人材に関心を持ってもらうためのシグナルであり、会話をするうえでのプロトコルなのである。

プロトコルが日本にもたらす機会

ESGを標榜《ぼう》するグローバル大企業にとって、取引相手としての日本企業が規模や社歴で見て日本でナンバーワンかどうかは、あまり意味をなさなくなっている。むしろ、取引後にESGの観点で何か問題が発生しないかどうか、という点が重要になっている。

この状況は、日本のスタートアップ・中小・地方企業にとっては大きな機会だ。

第3章で触れた通り、日本の大企業の世界における地位は大きく低下した。時価総額で世界の上位20社には日本企業は1社も入っていない。1980年代に多く存在していた「日本の荘園」はほぼ消滅してしまった。

日本に荘園があれば、日本の中小・地方企業は、国内の荘園との取引において、わざわざESG推進などする必要はない（優れた人材の採用には必要だが）。顔見知り同士の取引ではプロトコルは不要だ。商店街の隣同士八百屋と食堂で、野菜の取引をする際にお互いが相手のESGスコアを気にする必要はない。

しかし、現在の荘園はグローバル大企業が中心である。GAFAMの収益悪化で人員削減などが伝えられているが、彼らはITインフラであり、当面は荘園の立場に居続けるであろう。また、GAFAMだけが荘園ではない。第3章で紹介したような消費財メーカーや金融機関を含めて多様な荘園が欧米中心に存立している。

彼ら21世紀の荘園はほぼ全社、ＥＳＧを積極的に推し進めている。それこそが、「人・モノ・金」を吸引して成長を維持するという彼らの合理的でＥＳＧ思考的な行動だからだ。彼らが取引を望むのは、規模の大きい日本企業ではなく、ＥＳＧ対応をしている日本企業だ。プロトコルはＥＳＧなのである。

日本ではＥＳＧ対応は上場企業、とりわけ東証プライム市場に上場している企業が行うものと世間一般では理解されている。ＥＳＧ対応に関する開示の〝義務化〟という言葉自体、ＥＳＧが競争戦略として考えられていないように見える。

しかし、競争戦略という視点で考えれば、中小・地方企業こそが、ＥＳＧ対応を加速すべきではないか。ＥＳＧ対応いかんでは、グローバル大企業との取引の可能性もある。

もちろん、第2章で指摘した通り、21世紀に入って大企業と中小・地方企業の収益力格差が広がっており、中小・地方企業にはＥＳＧ対応をするアフォーダビリティはないかもしれない。

政府は、グローバル大企業との取引可能性がある中小・地方企業には、ＥＳＧ対応をするコストについて補助をすべきだ。中小・地方企業も、ＥＳＧ対応をすることで、対応が遅れている日本の大企業を出し抜くことも可能だろう。

フランスの高級シャンパーニュ、「アンリ・ジロー」は日本でも人気が高く、レストランでボトルを注文すると1本数万円する。筆者はそのドメーヌ・醸造所を訪問した経験がある。パリ市内から車で2時間ほどの小さな田舎町に、小学校の教室1つ分のオフィス、小さな体育館ほどの施設があるだけだ。

社員に話を聞くと、製造量の80％は輸出していて、フランス国内で流通するのはわずか20％だという。輸出先は日本と韓国がほとんど。シャンパーニュ消費大国であるフランスで価格競争するよりも、東アジアにチャンスがあると経営者が考えたからだそうだ。実際、リスボンの国際会議で出会った中年フランス人は、シャンパーニュ生産が盛んなランス出身だが、アンリ・ジローのことは知らなかった。

彼らの製造の特徴は年をまたいだブレンド。日本の老舗うなぎ店のタレが創業来の継ぎ足しで作られるのと同じで、1990年から継ぎ足ししてブレンドしながら、「マルチヴィンテージ（MV）」という名のシャンパーニュが製造されている。ワインの製造年にこだわるフランスよりも、継ぎ足し文化がある日本の方が製法の良さを伝えやすいということもあったようだ。

小学校の教室ほどのオフィスには、日本や韓国の美術品が無造作に置かれていた。本棚には『The Chrysanthemum and the Sword（菊と刀）』や『Japanese Society: A Practical Guide To Understanding The Japanese Mindset & Culture（タテ社会の人間関係）』があった。東アジアとの取引を仕掛けた彼らは、彼らなりにプロトコルを獲得して臨んだのだろう。

フランスであまり有名ではないけれど、日本と韓国で有名という珍しいシャンパーニュ、アンリ・ジローはESGの事例ではないが、フランスの地方の中小・地方企業がパリやフランス国内で勝負するのではなく、遠く離れた極東で成功した好例でもある。

ESGは、こうした機会を日本の中小・地方企業に提供するプロトコルとなりうる。政府は大企業だけではなく、中小・地方企業のESGを支えてはいかがだろうか。放置すれば、単純なESG推進で、大企業と中小・地方企業の収益力格差は広がるだけだ。

大企業の生きる道

中小・地方企業にとっては、各社の提供する商品やサービス次第だが、21世紀の荘園たるグローバル大企業との取引を行うことで、業容を拡大するチャンスがある。第3章で触れた通り、グローバル大企業と同等の多様性とESG対応で優れた人材を集めるスタートアップにも洋々たる未来がありうる。

日本の伝統的な大企業はどうだろうか。

正直、クリアな答えはない。多くの中高年の日本人男性と社内に閉じた形式知は、21世紀のESG経営において負のレガシー（遺産）と言える。彼らの論理で動く組織に、いわゆるグローバル人材や創造性やコミュニケーションに長けた人材は滞留し続けたいとは思わないだろう。

コロナ禍で海外渡航から遠ざかっていた筆者にとって、先述したリスボンでの国際会議への参加は、様々な価値観に触れることの意義を再認識させるものでもあった。各国のESGへの趨勢を肌で感じられただけでなく、画面ごしに各国の人々と交流する場合とは異なる、五感を介したコミュニケーションの価値を痛感した。ことはESGに限らず、機会をとらえた対話により、それぞれの立ち位置を直に感じることで、世界の動きを俯瞰的に把握しやすくなる。そのことが示唆するものは少なくない。

失われた20年、30年と言われる日本経済の疲弊や閉塞感を考えると、ミレニアムの2000年に村上龍が上梓した小説『希望の国のエクソダス』が思い浮かぶ。2002年秋に80万人の中学生が学校を捨て、絶望的な日本に見切りをつける（エクソダス：出エジプト記の出国）という内容の長編である。

必要な人材の日本からのエクソダスが起こっても不思議ではない。実際、精神的には彼・彼女らはとっくにエクソダスしている。日本のテレビは見ない。新聞も読まない。視聴するコンテンツは日本語とは限らない。英語以外の外国語の場合は自動翻訳を使えばよい。21世紀の荘園の日本飛び地とも言えるグローバル大企業の日本法人などに勤務し、英語で仕事をする。日頃からイヤホンを装着し、周りの声は耳に入らない。リモート中心の仕事なら、なおさらだ。

彼・彼女らは日本にいながら海外で仕事をし、海外の高い水準で給与を得て、「安くなった日本」で物質的に裕福な生活を送っている。確かに物理的な身体としてのエクソダスは発生していない。若者の海外留学も減っているという報道が多い。しかし、外資系企業による荘園が日本にも多く点在することで、優れた人材の精神的なエクソダスは既に進む。IT機器の発達がそれを後押しする。

閉塞した日本に見切りをつけた人材は、多様性を理解できる組織に身を置きたがる。義務的に多様性を受け入れているような企業は選ばれない。多様性を好む経営者の下にしか、多様性を理解できる組織は生まれない。

リスボンで話をしたフランス人がこう言っていた。

「フランスでも20年前は日本と同じで、ほとんど男性が経営を占めていた。むりやり変更して、様々な摩擦が起こった。でもやるしかなかった。日本もやるしかないよ」と。

多様性に富むスタートアップ企業、ESG対応が進む企業。これらの企業と合併して、彼・彼女らの経営陣を統合後の経営の枢要ポストに配置する。これぐらいの荒療治が今の日本の大企業には必要なのかもしれない。

それほど時間は残されていない。

対応を間違えれば、日本の未来を担うべき人材がさらにエクソダスする。

あとがき

本書のきっかけは、2021年春に上梓されたジョン・ルコムニクとジェームズ・P・ホーリーの共著『「良い投資」とβアクティビズム――MPT現代ポートフォリオ理論を超えて』との出会いだった。

ESGをある種の社会現象のようにとらえていた私たちにとって、近代以降の株式会社や金融市場の変遷から「βアクティビズム」という概念を提唱して、ESG推進は不可避だと説いた同書の主張は斬新であった。

その後、「新しい資本主義」を旗印とした政官財挙げてのESG増進の動きと、地政学リスクやエネルギー危機による揺り戻しの動きを両睨みしながら、幾度かの再考を経て、1年以上かけて本書の構想を練り上げてきた。

ここまで読み進めていただいた読者にはお分かりいただけるように、本書の目的はESGの解説や啓蒙ではなく、様々な経済データや歴史背景を紐解き、ESGがもたらす社会的影響や本質を究明することであった。

「ESG格差」という本書の表題が示す通り、ESGは単純な国際社会の共通善として直進していくのではなく、国家・企業・個人の分断という蛇行（Winding road）ルートを経て、社会変革を漸進させていく。

ウクライナ問題やエネルギー危機は、最初の急カーブかもしれない。

しかし、紆余曲折を経ながらもESGは、国家にとっては新たな「イデオロギー」、企業にとってはグローバル市場への参加資格を得るための「プロトコル」、個人にとっては（ESG）革命後の新たな「市民意識」として、社会全体に浸透していくであろう。

本書はフロンティア・マネジメント株式会社の3名による共著だ。

主筆者である松岡真宏は機関投資家や海外の提携企業と対話する同社代表取締役、首藤繭子は同社のDE&I推進委員長、山手剛人は上場企業のIR・SR戦略を支援する企業価値戦略部の責任者という各々の視座から、本書のコンセプトを議論してきた。

共著者の3名は、2000年代初頭に欧州系投資銀行のUBS証券で、流通小売セクターのアナリストチームとして協働していたメンバーでもある。当時はまだ、国連責任投資原則（PRI）、ESG、サステナビリティなどの言葉や概念が世に出ていなかった株主資本主義の全盛期であったことを思い起こすと、隔世の感さえある。

本書の出版を提案いただいたのは、2014年から主筆者の書籍出版を担当いただいている三田真美氏である。海外文献を含む資料や適切な助言の提供と、本書の構想に忍耐強く伴走いただいたことに、共著者を代表して心より謝辞を呈したい。

また、フロンティア・マネジメントの社員や共著者の各々の家族にも、本書執筆に公私の時間を費やすことを了承、協力いただいたことに改めて感謝したい。

2022年12月

フロンティア・マネジメント株式会社
マネージング・ディレクター　企業価値戦略部長　山手　剛人

引用参考文献

第1章

ジョン・ルコムニク、ジェームズ・P・ホーリー『「良い投資」とβアクティビズム――MPT現代ポートフォリオ理論を超えて』松岡真宏監訳、日本経済新聞出版（2022）

ヨハン・ノルベリ『OPEN――「開く」ことができる人・組織・国家だけが生き残る』山形浩生、森本正史訳、ニューズピックス（2022）

ロナルド・コーエン『インパクト投資――社会を良くする資本主義を目指して』斎藤清美訳、日本経済新聞出版（2021）

羽生田慶介『ビジネスと人権入門』日経BP（2022）

君塚直隆『ヨーロッパ近代史』ちくま新書（2019）

北川哲雄『ガバナンス革命の新たなロードマップ――2つのコードの高度化による企業価値向上の実現』東洋経済新報社（2017）

夫馬賢治『ESG思考――激変資本主義1990―2020 経営者も投資家もここまで変わった』講談社＋α新書（2022）

宇沢弘文『人間の経済』新潮新書（2017）

トマ・ピケティ『21世紀の資本』山形浩生ほか訳、みすず書房（2014）

第2章

ダニエル・ヤーギン『新しい世界の資源地図』黒輪篤嗣訳、東洋経済新報社（2022）

船橋洋一『国民安全保障国家論――世界は自ら助くるものを助く』文藝春秋（2022）

「Sustainable Investment Survey 2022」PichBook（2022）

テリー・イーグルトン『イデオロギーとは何か』大橋洋一訳、平凡社（1999）

市川祐子『ESGで激変！ 2030年会社員の未来』日経BP（2022）

松岡真宏『持たざる経営の虚実』日本経済新聞出版（2019）

夫馬賢治（前掲）

エイドリアン・ヘンリクス、ジュリー・リチャードソン『トリプルボトムライン――3つの決算は統合できるか？』大江宏ほか訳、創成社（2007）

石井妙子『魂を撮ろう――ユージン・スミスとアイリーンの水俣』文藝春秋（2021）
佐藤直樹『東京藝大で教わる西洋美術の味方』世界文化社（2021）
フリードリッヒ・ニーチェ『道徳の系譜学』中山元訳、光文社古典新訳文庫（2009）
同『善悪の彼岸』中山元訳、光文社古典新訳文庫（2009）
君塚直隆『ヨーロッパ近代史』筑摩新書（2019）
池上俊一『ヨーロッパ史入門　市民革命から現代へ』岩波ジュニア新書（2022）

第3章
ポール・ポルマン、アンドリュー・ウィンストン『Net Positive　ネットポジティブ――「与える＞奪う」で地球に貢献する会社』三木俊哉訳、日経BP（2022）
伊藤俊一『荘園――墾田永年私財法から応仁の乱』中公新書（2021）
サンフォード・M・ジャコービィ『会社荘園制――アメリカ型ウェルフェア・キャピタリズムの軌跡』内田一秀ほか訳、北海道大学出版会（1999）
市川祐子（前掲）
村上陽一郎『ペスト大流行――ヨーロッパ中世の崩壊』岩波新書（1983）
ジョナサン・ゴットシャル『ストーリーが世界を滅ぼす――物語があなたの脳を操作する』月谷真紀訳、東洋経済新報社（2022）
平川新『戦国日本と大航海時代――秀吉・家康・政宗の外交戦略』中公新書（2018）

第4章
小松左京『日本沈没（上・下）』光文社（1973）
五島勉『ノストラダムスの大予言』祥伝社（1973）
ドネラ・H・メドウズ『成長の限界――ローマ・クラブ「人類の危機」レポート』大来佐武郎監訳、ダイヤモンド社（1972）
田中淳夫『絶望の林業』新泉社（2019）
同『虚構の森』新泉社（2021）
池田清彦『SDGsの大嘘』宝島社新書（2022）

児玉聡『功利主義入門——はじめての倫理学』ちくま新書（2012）
水無田気流『シングルマザーの貧困』光文社新書（2014）
岸見一郎、古賀史健『嫌われる勇気』ダイヤモンド社（2013）
中村敏子『女性差別はどう作られてきたか』集英社（2021）
土屋守『最新版ウィスキー完全バイブル』ナツメ社（2022）
岡本勝「婦人キリスト教禁酒同盟——その多様性と政治運動化について」『同志社アメリカ研究』（1986）
大井浩二「アメリカの聖女たち——キャリー・ネイションとジェイン・アダムス」『同志社アメリカ研究』（1990）
山本孝司『アメリカ進歩主義教育の源流——ブロンソン・オルコット思想研究』早稲田大学出版部（2020）
山本奈生『大麻の社会学』青弓社（2021）
山下真一『資源カオスと脱炭素危機』日経プレミアシリーズ（2022）
デイビッド・ウォレス・ウェルズ著『地球に住めなくなる日——「気候崩壊」の避けられない真実』藤井留美訳、NHK出版（2020）

第5章
エリザベス・L・クライン『ファストファッション——クローゼットの中の憂鬱』鈴木素子訳、春秋社（2014）
ユヴァル・ノア・ハラリ『サピエンス全史（上・下）』柴田裕之訳、河出書房新社（2017）
村上龍『希望の国のエクソダス』文藝春秋（2000）

著者略歴

松岡真宏 Masahiro Matsuoka
フロンティア・マネジメント代表取締役
東京大学経済学部卒業。外資系証券などで証券アナリストとして活動。2003年産業再生機構に入社し、カネボウとダイエーの再生計画を担当。2007年にフロンティア・マネジメントを大西正一郎氏と共同設立し、代表取締役に就任。同社は東証プライム上場の独立系経営コンサルティング・M & Aアドバイザリー会社へと成長した。著書に『時間資本主義の時代』『持たざる経営の虚実』（日本経済新聞出版）ほか。

山手剛人 Taketo Yamate
フロンティア・マネジメント マネージング・ディレクター企業価値戦略部長
東京大学経済学部卒業。UBS証券で小売セクター担当のアナリストとして活動し、2010年クレディ・スイス証券に移り、小売セクター担当アナリスト兼消費産業調査グループリーダー。2017年にフロンティア・マネジメントに入社し、2022年より現職。共著に『宅配がなくなる日』（日本経済新聞出版）。

首藤繭子 Mayuko Shuto
フロンティア・マネジメント マネージング・ディレクター
慶應義塾大学法学部政治学科およびスタンフォード大学ビジネススクール（MBA）卒業。2001年UBS証券に入社し、株式調査部に配属。ブーズ・アレン・ハミルトン（現PwC Strategy&）米国本社および日本支社、日産自動車グローバル本社・香港支社で勤務後、ガラパゴスの執行役員を経て、2021年フロンティア・マネジメント入社。

ESG格差 沈む日本とグローバル荘園の繁栄

2023年1月25日 1版1刷

著　者 **松岡真宏　山手剛人　首藤繭子**

発行者 國分正哉
発　行 株式会社日経BP
日本経済新聞出版
発　売 株式会社日経BPマーケティング
〒105-8308 東京都港区虎ノ門4-3-12
装丁・本文デザイン 鯉沼恵一（ピュープ）
組　版 株式会社キャップス
印刷・製本 中央精版印刷株式会社
ISBN978-4-296-11635-5 Printed in Japan